小关镇志

郑州市名镇志文化工程

郑州市地方史志编纂委员会　主办
郑州市地方史志办公室　编著

中国水利水电出版社
www.waterpub.com.cn
·北京·

图书在版编目（CIP）数据

小关镇志 / 郑州市地方史志办公室编著. -- 北京 : 中国水利水电出版社, 2020.12
（郑州市名镇志文化工程）
ISBN 978-7-5170-9128-8

Ⅰ. ①小… Ⅱ. ①郑… Ⅲ. ①乡镇一地方志一郑州 Ⅳ. ①K296.15

中国版本图书馆CIP数据核字(2020)第246444号

审图号：豫S〔2020年〕026号

总 策 划：营幼峰　王厚军
选题策划：马爱梅　宋建娜　李慧君
责任编辑：宋　春

	郑州市名镇志文化工程
书　名	小关镇志
	XIAOGUAN ZHEN ZHI
作　者	郑州市地方史志办公室　编著
出版发行	中国水利水电出版社
	(北京市海淀区玉渊潭南路1号D座　100038)
	网址: www.waterpub.com.cn
	E-mail: sales@waterpub.com.cn
	电话: (010) 68367658 (营销中心)
经　售	北京科水图书销售中心 (零售)
	电话: (010) 88383994、63202643、68545874
	全国各地新华书店和相关出版物销售网点
排　版	北京金五环出版服务有限公司
印　刷	北京印匠彩色印刷有限公司
规　格	184mm×260mm　16开本　16印张　282千字
版　次	2020年12月第1版　2020年12月第1次印刷
定　价	98.00元

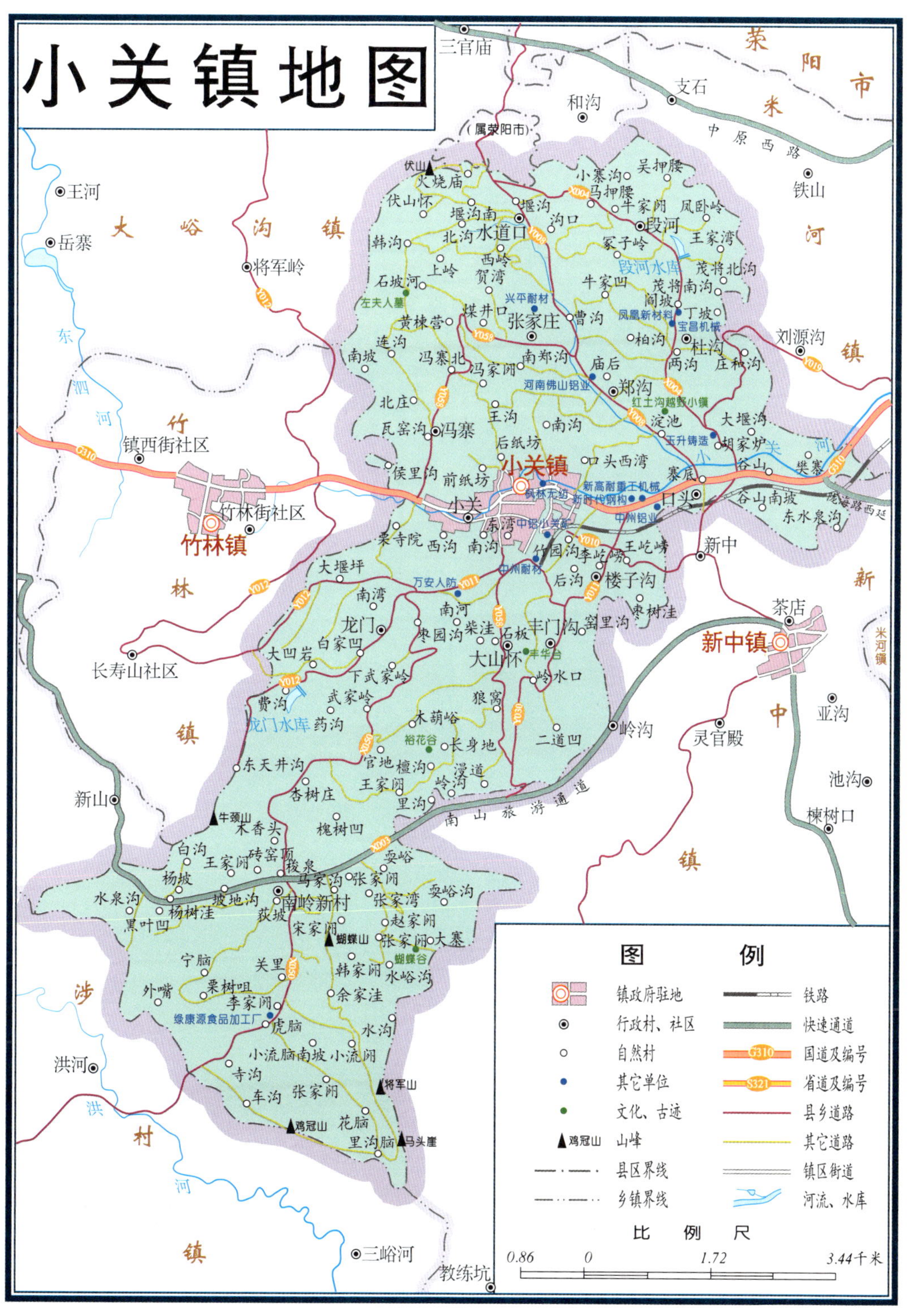

（注：图内行政界线不作为实际划界依据）

小关镇俯瞰　王向阳　摄

生态小关　王向阳　摄

美丽乡村　张耀宗　摄

云上南岭　邵保华　摄

蝴蝶谷景区将军山　张建军　摄

郑州市名镇志、名村志、名街志编纂委员会

《小关镇志》编纂委员会

序

2018年以来，郑州市地方史志办公室（以下简称“市史志办”）认真学习贯彻落实习近平总书记关于加强修史修志工作重要论述精神，在中国地方志指导小组办公室河南省地方史志办公室的指导、支持下，围绕服务郑州国家中心城市大局，提高政治站位，推进创新发展，以郑州市名镇志、名村志、名街志文化工程为抓手，积极探索基层志书编纂体制机制创新的有效途径，努力打造新时代精品佳志。市史志办相继完成了35部乡镇志、村志和街道志的编纂出版工作。这是郑州市坚持以习近平新时代中国特色社会主义思想为指引，贯彻落实《全国地方志事业发展规划纲要（2015—2020）》要求，推动地方志事业高质量发展、发挥存史资政育人职能作用的一项重要成果。市史志办的主要做法是：

坚持正确导向，突出时代主题。市史志办在镇志、村志、街道志编纂中，力求全面、客观反映党史、新中国史、改革开放史、社会主义发展史在郑州的辉煌业绩，记录郑州从一座古老的城市发展成为国家中心城市的历史进程，阐释中华文明、中原文化在郑州这座城市的文明形态起源、嬗变和现代转型。聚焦黄河文化、商都文化、黄帝文化、河洛文化、嵩山文化和二七精神等重要的城市文化名片，市史志办组织编纂了管城区《东大街街道志》《西大街街道志》《城东路街道志》，二七区《德化街道志》，金水区《杜岭街道志》，上街区《峡窝镇志》《方顶村志》，巩义市《回郭镇志》《大峪沟镇志》《康店镇志》《河洛镇志》《站街镇志》《小关镇志》《米河镇志》《涉村镇志》《海上桥村志》，新郑市《孟庄镇志》《新建路街道志》，荥阳市《汜水镇志》，惠济区《古荥镇志》，中牟县《雁鸣湖镇志》，新密市《刘寨镇志》，登封市《告成镇志》等基层志书。市史志办尝试从方志学的角度描述、分析这些文化的历史演进，宏大叙事与微观剖析并重，讲述方志故事，凝聚城市精神，发现并彰显这些深藏在街道社区、乡村田野里的城市文化根脉。

坚持质量标准，规范编纂流程。我们认真贯彻落实《郑州市地方志工作规定》要求，明确各级地方志工作机构与编纂单位分工负责，针对每部志稿都成立了专门编纂机构，专班推进，形成了一级抓一级、层层抓落实，踏石留印、抓铁有痕的工作格局。遵循地方史志工作的基本原则，把质量视作名镇名村名街志编纂的生命线，对每部志书严把政治观、史实关、体例关、文字关、出版关和印刷关。为提高编纂专业水平，市史志办邀请中国地方志指导小组办公室、河南省地方史志办公室指导工作，并与国内知名高校合作，采取集中培训、案例教学等形式，面向修志业务人员，结合实际答疑解惑，较好地统一了修志原则和基本规范。同时，市史志办与中国水利水电出版社紧密协作，按照中国名镇志、名村志、名街志文化工程的质量标准，开展全方位深度合作，搭建专业服务平台，合力推进精品工程建设。

拓展方志视野，创新编纂方式。市史志办积极适应进入“读图时代”的现代读者需求，在锤炼文字表达的同时，特别突出了“图像存史”的作用。市史志办与河南省美术家协会合作，组织一批在省内乃至全国有影响的优秀画家，深入基层开展采风创作，用画笔描绘郑州美丽乡村和城市现代街区风貌。市史志办要求编纂单位注意对优秀美术作品的资料收集，如巩义籍著名画家陈天然、徐小龙等长年扎根农村基层，创作出一批表现浓郁乡土风情的优秀美术作品，许多作品收录入相关志书，成为熠熠生辉的亮点。中共郑州市委宣传部外宣办，河南日报新闻图片有限公司，郑州日报社及市、县（市）区摄影家协会等单位和许多优秀、敬业的摄影家，为市史志办提供、创作了大批精彩的摄影作品，与志书篇章结构和语言文字同步配合，形成了一个全新的图像叙事语言体系。这已不是简单的配图、插图、图文并茂，而是把图像证史、存史放在了编纂方式创新的维度上来考量其价值与意义。

提高学术品质，丰富志书内涵。市史志办借鉴人文地理学和社会学的调查研究方法，在中原区委、区政府的支持下，组织编纂了该区《西流湖街道志》《中原西路街道志》《桐柏路街道志》《三官庙街道志》《棉纺路街道志》《绿东村街道志》《林山寨街道志》《汝河路街道志》《航海西路街道志》《须水街道志》《秦岭路街道志》《建设路街道志》12部街道志，对一个行政建置区域的政治、经济、文化、社会、生态建设状况，特别对自中华人民共和国成立以来各个历史时期的发展做了全方位的较完整记述。这些街道志组成了一个美丽的“方志拼图”，从中可以清晰地看到中原区从一个传统的城郊农业区，在中华人民共和国成立初期形成郑州市的市级行政中心、文化中心和现代工业区，改革开放以来经过国企改革的华丽“蝶变”转型升级为现代化宜居宜业新城区的时空轨迹。市史志办与郑州大学建筑学院合作，开展传统村落与民居保护和城市街区建筑文化专项调查，形成了一批研究成果并在编纂中予以重点展示。郑州市是中华文明探源工程、夏商周断代工程等考古研究的重点区域，拥有世界文化遗产登封“天地之中”历史建筑群和诸多国家重点文物保护单位，各类历史文化遗迹俯拾即是。在文物部门的大力支持下，市史志办在相关志书编纂中，注意收录考古最新发现及研究成果，以丰富志书编纂的文化内涵。

坚持统筹规划，分层扎实推进。市史志办坚持依法治志的基本原则，依法推进各项编纂组织管理工作。一是建章立制，科学管理。结合编纂实际，理顺管理体制和运行机制，明确了市、县、乡、村在志书编纂中的各级权责，分级负责与属地管理有机结合，最大限度地形成合力、统筹推进。市史志办把这项工作作为一项硬任务，年初及时向市委市政府报告列入年度工作计划、列入财政预算，并与各县（市）区协商制订工作计划，按节点有序推进。二是统一规划，明确目标。市史志办要求各县（市）区本着精品至上、宁缺毋滥的原则确定选题规划，突出“名”和“特”，建立编纂项目库，集中力量，抓出精品，锻炼队伍，探索经验。三是分类指导，有的放矢。根据各县（市）区申报的选题计划，市史志办进行实地考察和逐一分析，建立选题库，原则上每年规划指导编纂 10 部，出版 5 部志书。在整体过程中，实施有效的分类管理，进度服从质量，不搞“一刀切”，因地制宜，精准发力，推动这项工作积极稳妥、健康有序开展。四是重点突破，严把关口。市史志办以出版为时间节点，倒排工期，提出每部志书要认真把好四个关口：首先，每部志书的承编单位要严格按照既定的编纂体例完成初稿，做到篇目完整、材料充分。其次，各县（市）区史志工作机构要组织相关部门召开评审会，重点把好政治关、史实关，确保在民族、宗教、保密等重大问题上不出偏差，在内容材料上客观真实、准确无误。第三，由市史志办协同组织出版社、承编单位和专家学者，对稿件进行集中修改审定，群策群力，解决每部志书在内容、体例、语言等方面存在的问题，基本完成定稿。第四，出版社按照所签订的合作协议，编辑出版关口前移，签订协议后，提前介入每部志书的具体编纂指导、审定等工作，确保出版进度和质量。

坚持深入调研，解决实际问题。在地方志事业转型升级创新发展的进程中，转变思想观念、转变发展方式是全面的、深层次的变革。在推进名镇志、名村志、名街志文化工程工作中，市史志办深感地方志工作“一纳入、八到位”不能仅停留在一般性的“纳入”和“到位”上，应该以问题为导向，深入调查研究，切实解决党委政府重视支持、人力财力保障等基层反映强烈的实际问题。一是积极争取各级党委政府支持。名镇志、名村志、名街志的编纂主体是市县乡各级党委政府及其地方史志管理工作机构，是“官修”而非私修。因此，编纂名镇志、名村志、名街志是在各级党委政府领导和支持下、由各级地方史志工作机构负责牵头组织开展的。市史志办在调研中深刻体会到，名镇志、名村志、名街志的编纂过程既是一个部门的业务推进，也是向各级党委政府汇报地方史志工作转型升级创新发展的形势任务、争取更大支持，解决实际问题的工作契机。二是切实解决好钱从哪里来。名镇志、名村志、名街志文化工程是郑州市组织推进的一项重点文化项目，市史志办明确不向乡镇村基层摊派经费增加负担，按照财政分级管理的原则，积极向市政府和财政部门争取项目专项资金，解决编纂出版印刷等各项工作中的费用。各县（市）区负责组织编纂志书初稿的费用，经郑州市地方史志办公室审定、出版社认可达到编辑出版要求，之后的费用由郑州市地方史志办公室负责申请市财政审核拨付。对名镇志、名村志、名街志编纂出版试行项目化资金管理，明确资金来源，严格预算管理，有助于形成一级抓一级、层层抓落实的长效工作机制。三是形成合力众手成志。把名镇志、名村志、名街志打造成为堪存堪鉴的精品志书，仅靠现有的史志工作机构是难以实现的。目前，我们面临的困难是多方面的，既有青黄不接、人才短缺，也有研究不足、经验匮乏。一些社会力量参与到基层志书、年鉴的编纂工作中，存在着政治站位不高、政策把握不准、水平参差不齐等问题。但是，市史志办在调研中也看到，社会各界对参与编修名镇志、名村志、名街志有较高的积极性、主动性，许多基层村镇表示愿意借助这项工作打造文化品牌，推动当地经济社会发展。因此，在今后编纂工作中，要坚持从凝聚共识入手，着力形成团结一致、高效运转的强大合力，构建优势互补、复合型、专业化的新型协作体系。

以上是市史志办在郑州市名镇志、名村志、名街志文化工程中的一些尝试，不足之处敬请批评指正，以便在今后工作中认真加以改进。

郑州市地方史志办公室

2020 年 10 月

凡　例

一、指导思想　以马克思列宁主义、毛泽东思想、邓小平理论、“三个代表”重要思想、科学发展观、习近平新时代中国特色社会主义思想为指导，坚持辩证唯物主义和历史唯物主义的立场、观点和方法，存真求实，全面、客观、系统记述中国名镇城镇化进程和改革开放成果，传承和抢救乡土历史文化，激发爱国爱乡情怀，留住乡愁，为探索中国特色新型城镇化建设、服务乡村振兴战略提供历史智慧和现实借鉴。

二、质量要求　参照中国地方志指导小组印发的《地方志书质量规定》执行。在坚持志体的前提下，体裁运用、篇目设置、资料选择等作适当创新。内容以记载镇域范围内的微观资料为主，详市县志之所略。根据不同类型名镇的特点，记述域内自然、政治、经济、文化、社会的历史与现状，重在突出当地“名”与“特”的内涵，从而达到执简驭繁、文约事丰、易于阅读、利于普及的目的。

三、时间断限　为全面反映入志事物发展脉络，各志上限追溯至事物发端，下限一般断至各镇志启动编修年份，个别重大事项可延至搁笔。详今明古，着重反映时代特色和地方特点，重点体现各镇的“名”与“特”。

四、记述范围　记述地域范围以下限年份的行政辖区为主。为体现名镇在更大区域内的意义，可以从更开阔的区域视野记述与该镇相关的内容。

五、总体结构　统一采用纲目体，设类目、分目、条目三个层次。横排门类，纵述史实。所设类目除《中国名镇志丛书基本篇目》要求的必设内容外，个别事项根据本镇实际情况适当作升格或降格处理。

六、体裁形式　综合运用述、记、志、传、图、表、录等各种体裁，以志体为主。体裁运用适当创新，篇目设置不求面面俱到，一般意义上的乡镇级内容可简略记述。

七、语言文体　除引用文字和附录文献资料外，统一使用规范的现代语体文记述，行文力求朴实、严谨、简洁、流畅，具有较强可读性。

八、人物载录　人物类目设人物传略、名人与 ×× 镇、人物表录等分目。人物传略遵循“生不立传”原则，选录对本镇发展有重大影响者，按生年排序。名人与 ×× 镇记述在政治、经济、文化、社会等方面有重大影响的著名人物（政治家、艺术家等）在本镇的活动历史片段。同时，在其他类目中采用以事系人的方式介绍人物。

九、图照表格　志中随文配图，图下设文字说明，图文并茂。表格统一编排序号。

十、数据　各项数据一般采用国家统计部门数据。数据缺乏的，采用主管部门或主办单位正式提供的数据。

十一、计量单位　采用国务院 1984 年 2 月发布的中华人民共和国法定计量单位。历史上使用的计量单位，如斗、石、里、尺、磅、华氏度等，在引文时照录，并以类目为单位首次出现时应加注。

十二、纪年　中华民国成立前的纪年，使用朝代年号纪年，括注公元年份；中华民国成立后的纪年，均使用公元纪年。志中所称“解放前（后）”，以该镇解放日为界；“新中国成立前（后）”，以中华人民共和国成立日 1949 年 10 月 1 日为界；“改革开放前（后）”，以 1978 年 12 月中共十一届三中全会召开为界。“×× 年代”，凡未加世纪者，均指 20 世纪。

十三、称谓　记事概以第三人称记述。人名直书其姓名，必要时冠以职务职称。地名以现行标准地名为准。如使用历史地名，于首次出现时括注现行地名。各个历史时期的党派、团体、组织、机构、职务等均以当时名称为准。对于称谓过长而又频繁使用者，于首次出现时使用全称并同时括注简称，之后使用简称。

十四、数字、标点　遵循国家标准和出版规定，志中数字书写以 GB/T 15835—2011《出版物上数字用法》为准，使用标点符号以 GB/T 15834—2011《标点符号用法》为准。

十五、注释　行文中的注释，一律采用页下注；附载文章于篇后注明资料来源。

十六、本凡例对于各镇志编纂中的未尽事宜，在“编纂始末”中予以说明。

目　录

概述

小关镇区 王向阳 摄

小关镇地处中岳嵩山北麓，郑州与洛阳之间，巩义市东部。东距河南省会郑州市 45 千米，西距巩义市区 18 千米。镇域面积 60 平方千米，3.5 万人，辖 13 个行政村，178 个村民组。镇党委、政府驻小关村。小关镇是全国文明镇、国家卫生镇、国家生态镇、国家园林镇和中国最美乡村休闲旅游名镇。

一

资源丰富，交通便利。小关镇南部山峰重叠，北部丘陵起伏，中间为河谷川地。主要矿藏有铝矾土、煤炭、黏土、石灰石、青石、红黏土等 20 余种。310 国道横贯镇中东西，X050 杨涉路纵穿镇域南北，中原西路在镇区北部连接，巩义南山旅游通道穿境而过，焦桐高速入口在南岭新村南 8 千米处。中国长城铝业公司上街至小关铝矿铁路专线通达小关终点站。截至 2019 年底，全镇建设镇村道路 360 余千米，形成连接各村的道路网络。

伏山 张耀宗 摄

文化厚重，风光秀美。小关镇境内有口头仰韶文化遗址、嵩山八路军抗日工作站旧址、黑风寨、鹿耳寨、伏山寨、汉光武帝左夫人墓、荻坡齐天大圣庙等各级文物保护单位 11 处。其中，嵩山八路军抗日工作站旧址被命名为河南省红色文化教育基地，2019 年被命名为郑州市“不忘初心 牢记使命”主题教育基地。有抗日英雄曹永禄、曹西宾父子烈士纪念碑和故居。巍峨挺立的将军山、鸡冠山、马头崖、葫芦头山、蝴蝶山、龙门山、伏山等景色秀丽，风光旖旎。原始森林、古迹奇石、古寨景区等成为郑州市民休闲旅游后花园。

二

工业重镇，转型发展。中华人民共和国建立后，小关镇发挥矿产资源优势，发展了机械、煤炭、水泥等社队集体工业企业。改革开放后，全镇广大干部群众解放思想，发扬敢想、敢干、敢闯精神，大办乡镇企业。全镇先后发展了河南中州集团、豫州集团、小关煤

小关镇工业区　王向阳　摄

矿等乡镇企业达310余家。1988年，全镇工业总产值1.3亿元，1995年突破5亿元，成为巩义市工业起步早、发展快的乡镇之一。

进入21世纪特别是党的十八大以来，小关镇党委、政府认真学习贯彻习近平新时代中国特色社会主义思想，坚持“五位一体”总体布局和“四个全面”战略布局，牢固树立创新、协调、绿色、开放、共享的发展理念，大力实施“工业强镇、商贸富镇、科教兴镇、生态立镇”发展战略，全面加快产业结构转型升级，淘汰落后产能，优化发展环境，深入招商引资，实施项目带动，引进发展了郑州凤凰新科技、河南佛山铝业、郑州万安人防、新高耐重工、中建科技、佛山新能源、辰夏实业等一批新兴产业。2019年，全镇企业总数125家，工业总产值达125.7亿元，公共财政预算收入1.41亿元。

美丽乡村，生态旅游。镇党委、政府坚持“绿水青山就是金山银山”发展理念，按照郑州市委提出“郑州西部要‘美’起来”的要求精神和巩义市委提出建设“宜居宜业宜游”美丽新巩义发展定位，以建设河南省乡村振兴示范镇、郑州市中心镇为载体，大力实施乡村振兴战略，加快新农村建设和美丽乡村建设。近年来，辖区张家庄村、杜沟村、丰门沟村分别被列为河南省、郑州市和巩义市新农村建设示范村。水道口村、大山怀村、南岭新村、小关村被列为河南省美丽乡村试点村。楼子沟村被列为郑州市美丽乡村试点村。推进旅游带动发展，开发南山蝴蝶谷、裕花谷和北部伏山、杜沟村红土沟越野文化基地及嵩山八路军抗日工作站旧址等景区景点，发展农家乐30余家。13个村全部创建成省级卫生村。

新农村丰门沟村　王向阳　摄

全镇建成集中居住小区10余个，游园和文化广场25个，库塘18座，全镇森林覆盖率达到41.7%。2018年，小关镇被河南省委农村工作办公室确定为河南省乡村振兴示范镇。南岭新村被列为全国“一村一品”示范村和全国森林康养基地试点建设单位，荣获“全国生态文化村”称号。水道口村获得“中国康体养生休闲度假最佳目的地”“河南省最美乡村”称号。

三

党建引领，文明和谐。小关镇党委高度重视党建工作，坚持把深入学习贯彻习近平新时代中国特色社会主义思想作为首要政治任务，增强“四个意识”、坚定“四个自信”、做到“两个维护”，认真推进“两学一做”“不忘初心 牢记使命”主题教育常态化、制度化，建成“学习强国”党建主题文化公园，开展党员活动日、“摘星夺旗创三宜”等活动，推进基层党建高质量发展。小关镇获得2010—2012年度河南省创先争优先进基层党组织。2013年1月，小关镇创新实行“一定两评三补”机制获得“第二届全国基层党建创新最佳案例”。截至2019年底，镇党委下辖村级支部13个，机关支部1个，镇直支部4个，非公企业支部5个，共有党员1806人，党组织和党建工作覆盖率达100%。深入开展精神文明和平安建设工作。全镇创建全国和省、郑州市、巩义市文明村（单位）48个。

改善民生，增进福祉。深入开展人居环境整治，镇村面貌发生巨大变化。镇建有集中供水厂，村村有供水站，自来水普及率达 95% 以上。有变电站所 5 座。燃气管线覆盖 12 个村庄。有污水处理厂 2 座，2019 年，全镇改水改厕达 3385 户。推进农村道路建设，实现全镇村组和 95% 以上的农户通水泥路。配套建设镇文化站、镇有线电视管理站。小关卫生院是一级甲等卫生院，村级标准化卫生所实现全覆盖。全镇中小学校 5 所、幼儿园 3 所。辖区有金融单位 5 家。有小关和口头商贸区 2 个，各类超市商场、宾馆酒店、餐饮、个体商户达 700 余家。镇建有公寓式养老院，特困对象实行集中供养。坚决打赢脱贫攻坚战，实施精准扶贫，2015 年 12 月，南岭新村和大山怀村两个省级贫困村摘“帽”。截至 2019 年底，全镇已建档立卡贫困户 594 户 1761 人全部脱贫。

进入新时代，小关镇党委、政府高举习近平新时代中国特色社会主义思想伟大旗帜，不忘初心，牢记使命，凝心聚力，真抓实干，努力加快建设“宜居宜业宜游”美丽新小关。

南岭新村脱贫攻坚项目　吴森　摄

基本镇情

小关镇位于巩义市东部，地属豫西浅山丘陵山区。东北与巩义米河镇、大峪沟镇相连，东南部与新中镇相接，南部与涉村镇相邻，西部与竹林镇接壤。

建置区划

镇名由来

小关镇的名称来源于域内的关隘“山小关”。山小关古为郑州通往巩县老城（站街）至洛阳的一个险要关口，因与历史上重要的关隘——虎牢关相比较小而得名“小关”，与巩县境内沙鱼沟的“滩小关”相比地处山区而得名“山小关”。清康熙年间重修小关观音堂碑文记载：“县治东南卅里许，地名曰小关镇。”

建置沿革

小关地处巩县东部，明、清属河南府巩县。民国时期属河南省巩县。1948 年 4 月，巩县崇仁乡解放，小关属荥汜广县管辖。中华人民共和国成立后，属郑州专员公署巩县管

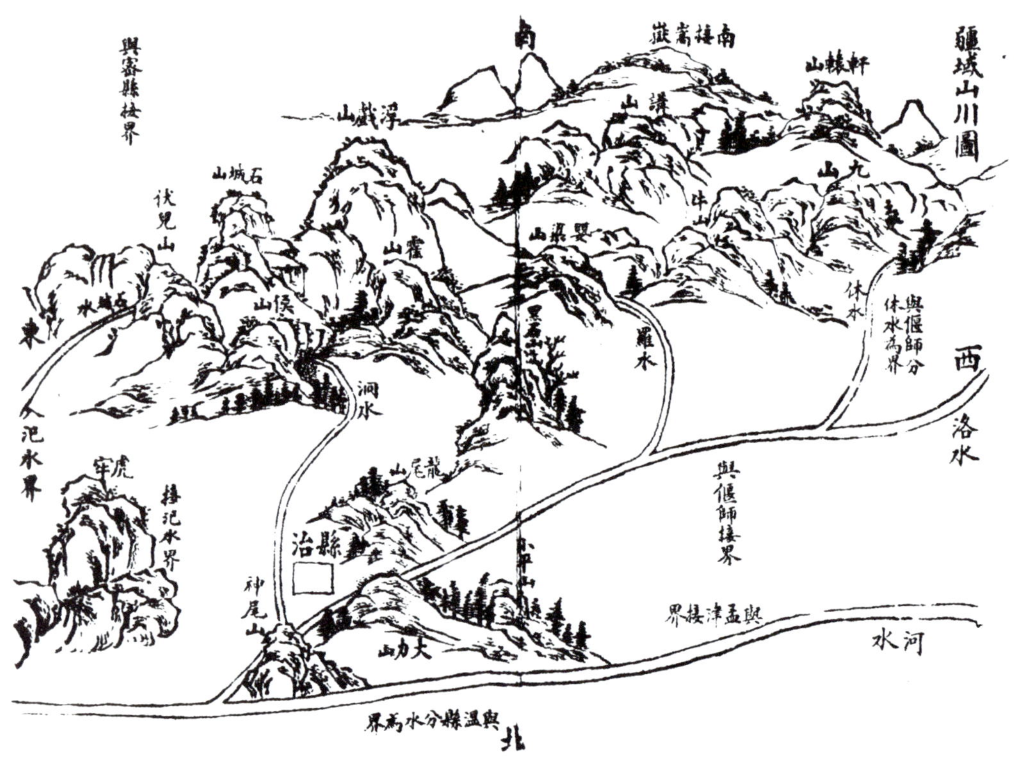

巩县疆域山川图　乾隆《巩县志》1923 年铅印本

辖。1955 年，属开封专员公署巩县管辖。1958 年底，属郑州市巩县管辖，1959 年 1 月小关与新中、米河一起划归郑州市上街区管辖。1961 年 7 月，成立小关人民公社。1964 年，属开封专员公署巩县所辖。1983 年，属郑州市巩县管辖，12 月小关人民公社改为小关乡。1990 年 10 月，小关撤乡建镇。1991 年 9 月，巩县撤县建市，小关为巩义市小关镇。

辖区变迁

明洪武元年（1368 年），巩县属河南府，编户九保二十九里，小关属赵封保。

明嘉靖三十四年（1555 年），巩县改为九保二十二里；万历年间（1573—1620 年）为九保二十里，赵封保辖一里。

清初，巩县归并十里，小关属坊赵里（自七里铺至米河）。

清乾隆四十九年（1784 年）改为仁义、礼智二里。小关属仁义里。

清道光元年（1821 年）全县分为仁、义、礼、智、信五里，每里十甲。小关属仁里。

1912 年，全县分为五里十区，小关为仁里小关区，又称东二区，辖 23 个村。

1931 年，全县分为六个区，小关为第二区（东二区），辖 34 个乡（村）和 1 个镇。

1935 年，全县合为三个区，下设联保办事处，小关为第一区署，下设三个联保：荻楼联保，小竹联保，新风联保。

1941 年，全县改联保为乡，乡下设保、甲，小关属崇仁乡，该乡下辖二十个保，小关地区共有八个保。

1944 年 10 月，巩县建立抗日民主政府，先后建立 7 个区政府，小关属第一区管辖。

1948 年 4 月 8 日，崇仁乡解放。

1948 年 6 月，荥汜广县政府建立。小关属第一区管辖。

1948 年 11 月，原荥汜广县和第一区撤销，小关、米河、新中重归巩县，划属为新成立巩县第八区（也称米河区），下辖 27 个行政村。

1952 年 10 月至 1955 年，郑州专署批准将第八区分为八区（小关）和十区（米河）。小关区管辖 13 个村。

1955 年底，撤区并乡，建立小关中心乡和口头中心乡。

1957 年 3 月至 1958 年 8 月，恢复小关区建置。

1958 年 9 月，巩县撤销小关区，建立小关、新中、米河 3 个乡。

1958年9月22日，小关、新中、米河三乡的49个高级农业生产合作社合并，建立政社合一的新中人民公社。

1959年1月至1961年5月，巩县所辖的新中人民公社归郑州市上街区管辖。

1961年7月，成立郑州市上街区小关人民公社，下辖10个大队，126个生产队。

1965年2月，成立开封专区巩县小关人民公社。下辖20个大队。1966年下辖18个大队。

1983年12月，公社改为乡，原大队改为村民委员会，生产队改为村民小组。小关公社改为小关乡，下辖18个行政村，223个生产队（村民小组），归属郑州市巩县管辖。

1990年10月30日，小关撤乡建镇。

1991年6月21日，巩县撤县设市，小关镇属巩义市小关镇。

1994年11月28日，竹林村从小关乡划出，由村建镇。原小关乡孙寨村第7、8、14三个村民组同时划属竹林镇。

1996年4月22日，小关镇将荻坡、虎脑、杨树洼三个行政村合并定名为“南岭新村”。

2006年6月，小关镇原孙寨和丁烟两个行政村划属竹林镇。

所辖村庄

截至 2019 年底，小关镇辖 13 个行政村，178 个村民组，159 个自然村。

小关村 因地处巩县古道关隘而得名，镇政府驻地在本村。总面积 2.8 平方千米，有 12 个自然村，18 个村民组，1297 户 4523 人。主要姓氏有张、王、赵、白、郅等。

冯寨村 因冯氏居住且建寨而得名，位于镇政府驻地西北部 2 千米处。总面积 3.29 平方千米，有 17 个自然村，16 个村民组，826 户 2687 人。主要姓氏有张、冯、连、郑等。

张家庄村 因张氏聚居而得名。位于镇政府驻地北 3 千米处。总面积 1.7 平方千米，有 8 个自然村，7 个村民组，415 户 1614 人。主要姓氏有张、贺、部、赵等。

郑沟村 因郑氏聚居而得名。位于镇政府驻地北 2.2 千米处，总面积 2.4 平方千米，有 6 个自然村，10 个村民组，470 户 1807 人。主要姓氏有郑、张、王、马等。

水道口村 原称火烧庙村，后因伏山下多道河水在此地汇合而得名。位于镇政府驻地北部 5 千米处，总面积 3.4 平方千米，有 15 个自然村，13 个村民组，506 户 1756 人。主要姓氏有张、曹、牛、吴、陈等。

小关村 王向阳 摄

冯寨村　邵保华　摄

张家庄村　刘成武　摄

郑沟村　崔福礼　摄

水道口村　邵保华　摄

段河村　村内早年有一季节河，一段在地表，一段潜地下，人称断河，后称段河。位于镇政府驻地北 6.5 千米处。总面积 3.7 平方千米，有 12 个自然村，15 个村民组，667 户 2589 人。主要姓氏有张、吴、李、付、闫等。

杜沟村　明洪武年间，杜甫后裔迁此定居，故名。位于镇政府驻地东北 4 千米处，总面积 3.3 平方千米，有 11 个自然村，14 个村民组，896 户 3391 人。主要姓氏有杜、李、张、丁、曹等。

口头村　原称口流村，因有数条小河在此汇流得名，后称口头村。位于镇政府驻地东部 3 千米处，总面积 4.12 平方千米，有 15 个自然村，19 个村民组，1496 户 5861 人。主要姓氏有张、赵、房、宋、杜、王等。

楼子沟村　古名煤窑沟，后因建玉仙圣母楼而取名楼子沟。位于镇政府驻地东南 1.7 千米处。总面积 2.1 平方千米，有 10 个自然村，10 个村民组，796 户 2953 人。主要姓氏有张、李、赵、苏、王等。

段河村　王向东　摄

杜沟村 邵保华 摄

口头村 张耀宗 摄

丰门沟村 原名封门沟村，因本村山沟口横亘一岭，封住山口而得名封门沟，2002年改称丰门沟。位于镇政府驻地东南4千米处。总面积2.7平方千米，有7个自然村，7个村民组，279户1151人。主要姓氏有李、赵、张等。

龙门村 因地形而得名，位于镇政府驻地西南1.8千米处。总面积5.8平方千米，有14个自然村，13个村民组，571户2068人。主要姓氏有张、赵、李、武、王、郅等。

大山怀村 因主村处于大山的怀抱而得名。位于镇政府驻地南2千米处，总面积5.47平方千米，有10个自然村，12个村民组，299户1252人。主要姓氏有张、王、周、赵等。

南岭新村 由原荻坡、虎脑、杨树洼三个行政村于1996年4月22日合并为一个村，定名南岭新村。位于镇政府驻地南12千米处，总面积15平方千米，有22个自然村，24个村民组，724户2584人。主要姓氏有李、张、曹、赵、王、岳等。

楼子沟村 邵保华 摄

丰门沟村 邵保华 摄

龙门村　邵保华　摄

大山怀村　王向东　摄

南岭新村　王向阳　摄

自然环境

地理位置

小关镇地处巩义市东部，位于东经 113° 09'09"，北纬 34° 40'27"，辖区东西最大距离 7.9 千米，南北最大距离 16 千米，面积 60 平方千米。

地　形

小关地区属嵩山北麓，地势西高东低，南山北岭。南部由高山、中低山、丘陵向北依阶梯状降至河谷。南端海拔均在 760 米以上，最高马头崖海拔 1029 米。北部丘陵地区，呈西北高东南低之势，海拔高度一般在 300~500 米，最高点佛山顶海拔 676 米。境内最低处是口头川地河床，海拔 206 米。

山　脉

小关镇境内主要山系属于嵩山北麓余脉，东连浮戏山，西接青龙山，包括伏山、马头崖、鸡冠山、将军山（人头山）、蝴蝶山、龙门山、太阳岭、虎头山、葫芦头山、牛颈山等。

伏　山　又名伏儿山、夫人山、云梦山。位于小关镇西北与大峪沟镇东北交界处。《巩县志》（明嘉靖三十四年本，1555 年）记曰：“夫人山在县东南三十里，汉光武帝经此纳左氏夫人，后左氏夫人终于此山，故名。”民国《巩县志》记载：“霍山东北约三十里曰伏儿山。”伏山山势略呈东西走向，海拔 676 米。

小关镇丘陵　王向阳　摄

伏山　张建军　摄

马头崖 因山形像马头而得名。位于南岭新村虎脑与新中镇、涉村镇交界处，山势呈东南西北走向，海拔 1029 米，为镇域最高山峰。

鸡冠山 因山头像鸡的头冠而得名。位于南岭新村虎脑与涉村镇洪河村交界处。山势呈南北走向，海拔 1017 米。

将军山 又名人头山。因在山头上有一巨石，状似将军头像而得名。位于南岭新村虎脑自然村的东南部。山势呈南北走向，海拔 958 米。

蝴蝶山 位于南岭新村荻坡自然村东南。因山上曾有一块 0.5 米高，0.3~0.5 米宽的蝴蝶形印记而得名。山势呈南北走向，海拔 810.2 米。

龙门山 以牛颈山（古招风垛）与石窑洼岭（古门头沟寨）对峙，故称龙门山。山势呈南北走向。位于小关镇的西南部，龙门村西南 1.3 千米处。海拔 681 米。

太阳岭 位于南岭新村杨树洼自然村的南部，又名大坡岭。因山高于周围诸山，日出最早照在岭上而得名。山势呈东西走向，岭长约 4 千米，海拔 947 米。

虎头山 又名虎脑山。位于南岭新村东南。因山巅有一酷似虎头的巨石，遇大风回响山谷如虎啸，当地称虎啸石。山势东西走向，海拔 946 米。

葫芦头山 位于南岭新村东南。该山势东西走向，因横卧状如葫芦而得名。海拔约 950 米。

马头崖 王向阳 摄

鸡冠山　王向阳　摄

将军山　邵保华　摄

蝴蝶山　邵保华　摄

龙门山　张良化　摄

太阳岭　邵保华　摄

虎头山　吴森　摄

葫芦头山　王向阳　摄

牛颈山　邵保华　摄

牛颈山　位于南岭新村龙门村交界处。因山脉形状如牛脖颈而得名，山脉长 1.5 千米，海拔高 663 米。

气　候

小关地区属温带大陆性季风气候，四季分明，冬夏季长，春秋季短，降雨集中。春季干旱多风；夏季高温多雨，雨热同期；秋季湿润凉爽，日照充足，多东风和西风；冬季寒冷干燥，风多雪少。

日　照　年平均日照为 2342 小时。一年内以 5 月、6 月日照时间最多，分别为 247.3 小时和 251.7 小时，日照百分率为 58%；7 月、8 月日照时数也都在 220 小时以上，9 月后日照时数和日照百分率明显下降。日照区域分布的特点是高山区阴、雨、雾日数多，背阳坡日照少。

气　温　域内年平均气温 14.6℃。春季平均气温为 14.4℃；夏季平均气温为 26℃以上，最高气温曾达 40℃以上（1966 年 6 月）；冬季平均气温为 9.8℃，最低气温低至 -15℃以下（1969 年）。

降　水　域内全年以夏季（6—8 月）降雨量最多，平均 291.1 毫米，占年总量的 49.9%。秋季（9—11 月）平均降水 154.4 毫米，占总量的 26.5%，春季（3—5 月）平均降水 116.4 毫米，占年总量的 20%。冬季降水量最小，平均只有 21 毫米，占年总量的 3.6%。

小关之春 邵保华 摄

小关之夏 张建军 摄

小关之秋　邵保华　摄

小关之冬　张良化　摄

平均积雪深度 15 毫米。

无霜期 域内无霜期平均 234 天，最长年 269 天（1977 年），最短年 199 天（1979 年）。小关地区初雪期一般在 12 月初，终雪期大多在 3 月中旬，雪期 100 天左右。

风 小关镇地处山区，风向一般和山谷方向一致。由于属季风暖温带，故季风显著。春夏冬盛行偏东风，秋季盛行西北风。东风占风向频率的 40%，西北风占风向的 26%。

河 流

汜水河小关段 又称小关河。东西流向，源出竹林沟，流经孙寨、小关、楼子沟、口头，至两河口入汜水河直至黄河。小关河段是指小关五通河至口头樊寨这一段，全长约 7.53 千米，流域面积 48 平方千米。小关河大小溪流 13 条：竹林河、丁烟河、孙寨河、侯里沟河、冯寨河、龙门栗寺院河、龙门沟河、大山怀河、小关后纸坊河、丰门沟至楼子沟河、水道口至张家庄至郑沟至口头河、段河至杜沟河、琉璃庙沟至口头河等，这些溪流源头皆有泉水。早年四季河水没有断流过，曾有鱼、鳖、虾、蟹、泥鳅等。20 世纪 70 年代后，河流渐干涸，变成季节性河流。

虎脑河 位于镇南部，发源于南岭新村虎脑里沟龙眼泉，自东南向西南，流经虎脑、李家冈、洪河入后寺河，长约 4 千米，河水常年不断。2009—2019 年，南岭新村在该河流域修建天池、双龙塘、虎脑坝、龙潭坝等 4 座塘坝。

蝴蝶谷河 又称水沟河。位于南岭新村东部，发源于人头山下蝴蝶谷，由西向东流，经水沟、蝴蝶谷、岭沟峡峪，在翠峪口入新中镇小龙池前玉仙河，全长 2.5 千米。河水常年不断，溪流有鱼虾，雨季河水较大。

汜水河小关段 吴森 摄

大山怀河　邵保华　摄

虎脑河　王向阳　摄

蝴蝶谷河 王向阳 摄

杨树洼河 位于南岭新村西部，发源于荻坡里沟，是小关镇唯一的一条由东向西流的河，经荻坡、杨树洼向西流入后寺河。

库 塘

截至 2020 年 6 月，镇域内共建有库塘 18 座。其中，水库 2 座、塘坝 16 个，总蓄水容量达 89 万立方米，可浇灌土地林地 2300 亩。

段河水库 位于段河村茂将沟。1956 年 9 月开工，1958 年 11 月建成，为小型二类水库，库容 20 万立方米。2014 年，实施坝基加固库底清淤防漏工程，库坝长 142 米，高 110 米，底宽 12 米、顶宽 6 米，修渠 4000 米，灌溉土地 300 亩。

龙门水库 位于龙门沟郅家闸下。1957 年 11 月，水库开工，1959 年春建成，为小型二类水库，库容 10 万立方米。2014 年，实施坝基加固库底清淤防漏工程，库坝长 89 米，高 26 米，宽 3.5 米，修渠 10200 米，灌溉面积 200 亩。

凉水泉塘坝 位于水道口村凉水泉，建于 1958 年。2014 年投资 100 多万元进行修复加固，库容 4000 立方米，坝高 10 米，长 28 米，底宽 8 米，供水道口及段河村 3 组村民饮用水。

双龙塘坝 位于南岭新村虎脑里沟，投资 80 万元，2008 年 10 月建成，流域面积 2.5 平方千米，库容 3.2 万立方米，坝长 43 米，高 12 米，底宽 8 米，浇灌林地 50 亩。

龙潭坝 位于南岭新村虎脑寺沟，投资 260 万元，2014 年建成，流域面积 5 平方千米，库容 6 万立方米，坝高 12 米，长 43 米，底宽 8 米，浇灌林地 80 亩，供 300 人饮用水。

天池坝 位于南岭新村虎脑里沟，投资 85 万元，2015 年 2 月建成，流域面积 2 平方千米，库容 1.6 万立方米，坝长 25 米，高 14 米，宽 8 米，浇灌林地 50 亩。

青龙潭塘坝 位于南岭新村杨树洼，2015 年建成，流域面积 6 平方千米，库容 5.4 万立方米，坝高 16 米，长 25 米，底宽 10 米。

龙门水库 龙门村委 供图

凉水泉塘坝 崔福礼 摄

双龙塘坝 赵文辉 摄

龙潭坝　马秀帆　摄

天池坝　吴森　摄

龙王塘坝　郑红昌　摄

寺院口塘坝　位于大山怀村凤凰台东沟，投资 40 余万元，2015 年 12 月建成，流域面积 3 平方千米，库容 1 万立方米，坝高 4.5 米，长 15 米，底宽 7 米，可浇地 100 余亩。

郑沟塘坝　位于郑沟村八组，投资 79 万元，2016 年改建，库容 2100 立方米，坝长 80 米，宽 40 米，高 4.5 米。配套铺管道 950 米，可浇地 100 余亩。

龙王塘坝　位于南岭新村水峪沟，投资 235 万元，2016 年建成，流域面积 3 平方千米，库容 9.5 万立方米，坝高 10 米，长 43 米，底宽 10 米。供南岭新村、大山怀村、丰门沟村的 2500 人用水，可浇地 100 余亩。

长身地塘坝　位于大山怀村石板沟，投资 270 万元，2016 年 12 月建成，流域面积 2 平方千米，库容 8 万立方米，坝高 6 米，长 250 米，底宽 7 米。

龙门塘坝　位于龙门村十组，投资 230 万元，2017 年 5 月建成，流域面积 3 平方千米，库容 8.5 万立方米，坝高 12.8 米，长 20 米，底宽 8 米，可浇地 500 余亩。

虎脑塘坝　位于南岭新村虎脑沟张家网，投资 316 万元，2017 年 11 月建成，流域面积 3 平方千米，库容 8.25 万立方米，坝高 21.6 米，长 89.7 米，底宽 13 米，浇灌林地、土地 150 亩。

木葫芦峪塘坝　位于大山怀村木葫芦峪，2017 年底建成，流域面积 2 平方千米，库容 2 万立方米，坝高 5 米，长 28 米，底宽 7 米。

虎脑塘坝　崔福礼　摄

寺沟塘坝　位于南岭新村虎脑寺沟，投资260万元，2018年建成，流域面积2平方千米，库容4万立方米，坝高12米，长45米，底宽8米。

药沟塘坝　位于龙门村九组，投资260万元，2018年底建成，流域面积1.5平方千米，库容3.2万立方米，坝高20.5米，长25米，底宽10米，供1500人用水。

水沟塘坝　位于南岭新村蝴蝶谷，投资120万元，2020年5月建成。流域面积3平方千米，库容3万立方米，坝高13.5米，长28米，底宽9米，可浇地300余亩。

宁脑塘坝　位于南岭新村宁脑沟，投资110万元，2020年6月建成。流域面积1.5平方千米，库容1万立方米，坝高13米，长22米，底宽12米。

土　壤

小关镇土壤有红胶土、白土、红土、两合土、银红土、黑黏土、黄土、黑垆土、沙土、石渣土等。

小关镇土壤　王向阳　摄

物　产

粮食作物　小麦、玉米、红薯、谷子等。

经济作物　芝麻、油菜、绿豆、花生、大豆等。

家畜类　牛、马、驴、骡、猪、羊、兔、狗等。

家禽类　鸡、鸭、鹅、鸽等。

野生动物　狐狸、野兔、獾、刺猬、松鼠、黄鼠狼、野猪、猴、蛇等。

鸟　类　斑鸠、布谷鸟、啄木鸟、鸽子、喜鹊、乌鸦、燕子、麻雀、画眉、黄鹂、野鸡、猫头鹰等。

水　产　鲫鱼、泥鳅、螃蟹等。

昆　虫　蝴蝶、蜜蜂、蝉、蜻蜓等。

树　木　泡桐、杨树、柳树、松树、柏树、榆树、楸树、核桃树、杏树、槐树、柿树、桃树、梨树、李子树等。

燕子　邵保华　摄

蝴蝶　王向阳　摄

蜜蜂　雷宇　摄

蜻蜓　邵保华　摄

药用植物　山茱萸、女贞子、蒲公英、地丁、荆芥、薄荷、葛根、白头翁、柴胡、连翘、野菊花、金银花、生地、何首乌、黄芩等。

菌类植物　野蘑菇、地钱（地曲莲）、毛木耳、银耳、蘑菇、金针菇、黑木耳等。

蔬　菜　白菜、菠菜、南瓜、冬瓜、黄瓜、苦瓜、丝瓜、韭菜、白萝卜、红萝卜、眉豆、菜豆角、茄子、番茄、大葱、蒜、辣椒、土豆、香菜、芹菜、包菜等。

果　类　梨、桃、杏、枣、苹果、柿子、核桃、石榴、李子、无花果、酸枣、山葡萄、野山楂、樱桃等。

矿产资源　煤炭、铝矾土、黏土、石灰石、铁矿石、大理石、红土、燧石、砂石等。

山茱萸 邵保华 摄

连翘 张良化 摄

人口民族

人口总量

1929 年，据《巩县志》记载，小关地区总人口 21117 人，其中男性 11049 人，女性 10068 人。

1953 年第一次全国人口普查，小关地区总人口 28534 人，其中男性 14090 人，女性 14444 人。

1964 年第二次全国人口普查，小关公社总人口 15291 人，其中男性 7521 人，女性 7770 人。

1982 年第三次全国人口普查，小关乡总户数为 7925 户，人口为 37173 人，其中男性 18230 人，女性 18943 人。

1990 年第四次全国人口普查，小关乡共 10384 户，42476 人，其中男性 21306 人，女性 21170 人。

2000 年第五次全国人口普查，小关镇共 10490 户，38666 人，其中男性 19356 人，女性 19310 人。

2010 年第六次全国人口普查，小关镇共 9695 户，31814 人，其中男性 15897 人，女性 15917 人。

截至2019年底，小关镇辖区总户9605户，总人口35086人，其中男性17685人，女性17401人。

民族构成

镇域内主要为汉族。截至2019年底，全镇总人口35086人。其中，汉族35052人，回族9人、蒙古族9、彝族5人、维吾尔族3人、藏族2人、布依族2人、壮族2人、侗族2人。

姓氏组成

截至2019年底，小关镇共有姓氏80个：张、李、王、赵、郑、杜、曹、冯、苏、牛、周、吴、丁、连、付、郅、马、房、谷、崔、程、孙、闫、白、刘、岳、韩、宋、武、余、雷、陈、申、聂、贺、胡、巴、贾、郭、郜、杨、霍、范、窦、焦、许、景、朱、费、薛、郎、秦、任、淡、乔、梁、姜、游、袁、黄、翟、蔡、林、魏、时、禹、巩、卢、田、史、肖、石、双、彭、方、邢、常、高、罗、尤。

社会发展

科技科普

中华人民共和国成立后，小关镇高度重视科技科普工作。1956年，小关中心乡成立农业技术指导站。1958年，小关公社成立农技站，各大队有农技员。1976年，小关公社各大队成立科研站。1981年，小关公社科学技术协会成立。1984年1月，小关乡成立科技领导小组。1990年4月，小关乡成立“科技兴巩”办公室。1999年4月，小关镇成立科技年活动领导组。2002年4月，小关镇成立镇科普工作领导组。

科　技　1982年，小关公社农技站引进推广红薯“高温愈合窖”储藏法获得巩县科委农业科技成果三等奖。1983年，小关乡农技站实验推广农作物“根外喷磷”法，获得巩县科委农业科技成果一等奖。1984年，小关乡农技站推广“谷子砘青”管理法，获得巩县科委农业科技成果三等奖。1984 年，小关乡林管站参与县林业局“麦桐套种引进推广报告”，获得巩县科委农业科技成果三等奖。1990 年，中州耐火材料五分厂研制开发高抗蠕变砖获得河南省“兴豫杯”一等奖和全国“七五”星火计划成果博览会金奖。1991 年，中州耐火材料一分厂研制开发生产的优质电炉顶用高铝砖获全国“七五”星火计划成果博览会金奖。1993 年，中州耐火材料总厂一分厂研制开发生产的“1250~1550℃低蠕变高铝质热风炉砖研制与使用”项目获国家冶金部科学技术进步二等奖。1997 年，郑州水刺无纺布有限公司开发的化学短纤维水刺非织造布项目获农业部乡镇企业局科技进步三等奖。1998 年，郑州水刺无纺布有限公司开发生产的“水刺网眼布”产品，获 98 全国棉纺织印染产品调试中心年会二等奖。

2003—2017 年，小关镇被认定郑州市级企业技术中心 7 家：郑州枫林无纺科技有限公司、巩义市佛山特新科技有限公司、河南正程铁道车辆装备有限公司、郑州华强现代建筑材料有限公司、河南中州耐火材料有限公司、郑州玉升铸造有限公司、巩义市铠源超细粉有限公司。2018 年，认定郑州市科技型企业 10 家：郑州凤凰新材料科技有限公司、郑州枫林无纺科技有限公司、郑州华强现代建筑材料有限公司、郑州恒润科技有限公司、郑州华泰节能陶瓷有限公司、郑州市万安人防工程防护设备有限公司、郑州玉升铸造有限公司、巩义市兴平耐火材料有限公司、河南中州耐火材料有限公司、巩义市铠源超细粉有限公司。2019 年，被认定河南省工程技术研究中心企业 2 家：郑州凤凰新材料科技有限公司被定为河南省埋弧焊剂工程技术研究中心；巩义市兴平耐火材料有限公司被定为河南省出铁场用不定形耐火材料工程技术研究中心。2019 年，被认定巩义市高新技术企业 3 家：郑州玉升铸造有限公司、郑州凤凰新材料科技有限公司、巩义市兴平耐火材料有限公司。截至 2020 年 8 月，小关镇企业获国家发明专利共 74 项。

小关镇发明专利统计表

序号	企业名称	证书号	发明名称	发明人	专利号	专利申请日	授权公告日
1	郑州凤凰新材料科技有限公司	7545395	焊剂生产用包装系统	张晓南、孔鑫	ZL2018 2 0185260.4	2018.5.24	2018.6.29
2	郑州凤凰新材料科技有限公司	7416611	一种焊剂造粒烘干炉	岳喜江、张晓南	ZL2018 2 0185261.9	2018.2.2	2018.6.1

续表

序号	企业名称	证书号	发明名称	发明人	专利号	专利申请日	授权公告日
3	郑州凤凰新材料科技有限公司	7228810	一种利用余热且能恒温储存的泡花碱生产系统	孔鑫、张晓南	ZL2018 2 0186020.6	2018.2.2	2018.4.17
4	郑州凤凰新材料科技有限公司	7312328	一种焊剂平面回转筛	孔鑫、张晓南、胡军辉	ZL2018 2 0191252.0	2018.2.5	2018.5.8
5	郑州凤凰新材料科技有限公司	7268016	一种硅铁破碎加工装置	胡军辉、张晓南	ZL2018 2 0188251.0	2018.2.5	2018.4.27
6	郑州凤凰新材料科技有限公司	7344344	烧结炉用燃烧系统	张晓南、岳喜江	ZL2018 2 0186019.3	2018.2.2	2018.5.15
7	郑州凤凰新材料科技有限公司	7332014	一种焊剂生产线余热利用系统	胡军辉、张晓南	ZL2018 2 0186031.4	2018.2.2	2018.5.11
8	郑州凤凰新材料科技有限公司	7317886	一种泡花碱余热利用系统	张晓南、岳喜江	ZL2018 2 0185263.8	2018.2.2	2018.5.8
9	郑州凤凰新材料科技有限公司	7348016	一种焊剂制粒搅拌机	岳喜江、张晓南、孔鑫	ZL2018 2 0185281.6	2018.2.2	2018.5.15
10	郑州凤凰新材料科技有限公司	7300301	焊剂生产线自动配料系统	张晓南、孔鑫、岳喜江	ZL2018 2 0188086.9	2018.2.5	2018.5.4
11	郑州市万安人防工程防护设备有限公司	10088496	一种油烟过滤吸收器	张远航	ZL2019 2 0506738.3	2019.4.15	2020.2.21
12	郑州市万安人防工程防护设备有限公司	10095866	一种防爆波闸阀	张远航、赵有林	ZL2019 2 0505860.9	2019.4.15	2020.2.21
13	郑州市万安人防工程防护设备有限公司	10095868	一种防爆地漏	张远航、王义超	ZL2019 2 0506737.9	2019.4.15	2020.2.21
14	郑州市万安人防工程防护设备有限公司	10088813	一种立式油网滤尘器	张远航、赵有林	ZL2019 2 0506739.8	2019.4.15	2020.2.21

续表

序号	企业名称	证书号	发明名称	发明人	专利号	专利申请日	授权公告日
15	郑州市万安人防工程防护设备有限公司	10088425	一种双扇防护密闭门	张远航、王义超	ZL2019 2 0505863.2	2019.4.15	2020.2.21
16	郑州市万安人防工程防护设备有限公司	10095906	一种管式油网滤尘器	张远航、王义超	ZL2019 2 0506736.4	2019.4.15	2020.2.21
17	巩义市壹恒机械设备有限公司	10706855	一种梳棉机的导条的加工装置	邵道学、翟京龙、张春黎、邵研、刘冠卿、于大洋、刘长青、胡迪、赵丽萍	ZL2019 2 1433807.9	2019.8.30	2020.6.9
18	巩义市壹恒机械设备有限公司	10707303	一种棉纺用凹凸罗拉	邵道学、邵研、邵洪、翟京龙、胡迪、庞建文、于大洋、马银鹏、邹勇、张春黎、刘冠卿、赵丽萍、刘长青、薛万玺	ZL2019 2 1596141.9	2019.9.24	2020.6.9
19	巩义市壹恒机械设备有限公司	8228772	一种梳棉机的导向构件	邵研、胡迪、翟京龙	ZL2018 2 0731360.2	2018.5.17	2018.12.18
20	郑州华强现代建筑材料有限公司	264789	预应力空心板改短工艺	傅心春、王继干	ZL2003 1 0110151.4	2003.11.4	2006.5.17
21	巩义市铠源超细粉有限公司	11059433	适用于超细粉体的料仓	张青普、赵进民、张津瑞、赵卫锋、尚建红	ZL2019 2 2111274.9	2019.11.30	2020.7.24
22	巩义市铠源超细粉有限公司	11057768	超细粉包装用下料装置	赵进民、张青普、赵卫锋、尚建红、张津瑞	ZL2019 2 2111283.8	2019.11.30	2020.7.24
23	巩义市兴平耐火材料有限公司	9255790	一种铁沟料生产用输送装置	张华兴、张花克	ZL2018 2 1904028.8	2018.11.19	2019.8.20
24	巩义市兴平耐火材料有限公司	10075409	一种炮泥混合用搅拌机	张永刚	ZL2019 2 0643550.3	2019.5.7	2020.2.18
25	巩义市兴平耐火材料有限公司	9525568	一种铁沟料生产用搅拌装置	张华兴、张花克	ZL2018 2 1904027.3	2018.11.19	2019.10.25

续表

序号	企业名称	证书号	发明名称	发明人	专利号	专利申请日	授权公告日
26	巩义市兴平耐火材料有限公司	9004776	一种用于耐火材料质量检测用的实验装置	李博、张华兴	ZL2018 2 1904036.2	2018.11.19	2019.6.25
27	巩义市兴平耐火材料有限公司	8998959	一种炮泥生产用切片装置	张永刚、张沛沛	ZL2018 2 1904895.2	2018.6.21	2019.6.21
28	巩义市兴平耐火材料有限公司	9050861	一种便于调节的铁沟料生产用工作台	张花克、李博	ZL2018 2 1904897.0	2018.11.19	2019.7.5
29	巩义市兴平耐火材料有限公司	9076082	一种炮泥生产用废料清理装置	李博、张华兴	ZL2018 2 1904894.7	2018.11.19	2019.7.12
30	巩义市兴平耐火材料有限公司	9076062	一种用于高炉无水炮泥生产的烘箱	张沛沛、李博	ZL2018 2 1904003.8	2018.11.19	2019.7.12
31	巩义市兴平耐火材料有限公司	90844911	一种炮泥生产用装料装置	李博、张永刚	ZL2018 2 1904018.4	2018.11.19	2019.7.12
32	巩义市兴平耐火材料有限公司	9108575	一种耐火材料生产用运输轨道车	张沛沛、张花克	ZL2018 2 1904029.2	2018.11.19	2019.7.19
33	巩义市兴平耐火材料有限公司	9186944	一种炮泥生产用喷油装置	张永刚、李博	ZL2018 2 1904896.6	2018.11.19	2019.8.2
34	巩义市兴平耐火材料有限公司	10111507	一种耐火材料原材料混拌装置	张花克、张沛沛	ZL2018 2 1904901.3	2018.11.19	2020.3.6
35	巩义市兴平耐火材料有限公司	10165793	一种环保型无水炮泥生产加工用的粉碎装置	张永刚	ZL2019 2 0642782.7	2019.5.7	2020.3.24
36	巩义市兴平耐火材料有限公司	10113578	一种耐火材料生产的切块装置	张华兴、张永刚	ZL2018 2 1904020.1	2018.11.19	2020.3.6
37	巩义市兴平耐火材料有限公司	10115211	一种耐火材料用快速成型的压模	张花克、张华兴	ZL2018 2 1904017.X	2018.11.19	2020.3.6
38	巩义市兴平耐火材料有限公司	9995081	一种便于清洁的无水炮泥烘箱	张永刚	ZL2019 2 0642775.7	2019.5.7	2020.2.4
39	巩义市兴平耐火材料有限公司	10236868	一种高炉炮泥混合料生产的炮泥混合机	张花克、张沛沛	ZL2018 2 1904893.2	2018.11.19	2020.4.7

续表

序号	企业名称	证书号	发明名称	发明人	专利号	专利申请日	授权公告日
40	巩义市新高耐重工机械有限公司	6789842	一种重型锤式破碎机锤盘结构	潘之恒	ZL2017 2 0619709.9	2017.5.31	2017.12.29
41	巩义市新高耐重工机械有限公司	66944693	一种锤式破碎机液压抽输结构	冯晋豫	ZL2017 2 0545625.5	2017.5.17	2017.12.8
42	巩义市新高耐重工机械有限公司	6721875	一种锤式破碎机主轴结构	冯晋豫	ZL2017 2 0551621.8	2017.5.18	2017.12.12
43	巩义市新高耐重工机械有限公司	7776292	一种锤式破碎机机壳	冯晋豫	ZL2017 2 1607240.3	2017.11.27	2018.8.31
44	河南中州耐火材料有限公司	10054934	一种耐火砖切割设备	郅大伟、关振雷、郅晓伟	ZL2019 2 0606611.9	2019.4.29	2020.2.14
45	河南中州耐火材料有限公司	10056207	一种耐火砖加工用材料混合装置	郅大伟、郅贵有、王春令、王有旺、苏松奇、关振雷、郅晓伟	ZL2019 2 0606768.1	2019.4.29	2020.2.14
46	河南中州耐火材料有限公司	10053948	一种耐火砖废砖的粉碎回收设备	郅大伟、王春令、王有旺、苏松奇	ZL2019 2 0607550.8	2019.4.29	2020.2.14
47	河南中州耐火材料有限公司	10054936	一种耐火砖的防潮干燥存放装置	郅大伟、郅贵有、王有旺、苏松奇、关振雷	ZL2019 2 0606770.9	2019.4.29	2020.2.14
48	河南中州耐火材料有限公司	10054937	一种便于维修的耐火砖生产加工用设备	郅大伟、苏松奇、郅晓伟	ZL2019 2 0607566.9	2019.4.29	2020.2.14
49	河南中州耐火材料有限公司	10054935	一种耐火砖生产运输用安全性高的夹砖装置	郅大伟、王春令、王有旺、关振雷	ZL2019 2 0606749.9	2019.4.29	2020.2.14
50	河南中州耐火材料有限公司	10053949	一种耐火砖生产加工用等量出料的混合装置	郅大伟、郅晓伟、王有旺	ZL2019 2 0607568.8	2019.4.29	2020.2.14
51	河南中州耐火材料有限公司	10045575	一种耐火砖用烘干装置	郅大伟、郅晓伟	ZL2019 2 0606765.8	2019.4.29	2020.2.14
52	河南中州耐火材料有限公司	10058242	一种耐火砖用多段切割设备	郅大伟、王春令、王有旺、苏松奇、关振雷、郅晓伟	ZL2019 2 0606786.X	2019.4.29	2020.2.14

续表

序号	企业名称	证书号	发明名称	发明人	专利号	专利申请日	授权公告日
53	河南中州耐火材料有限公司	10055002	一种耐火砖压制设备	郅大伟、王春令、王有旺、苏松奇、关振雷	ZL2019 2 0607611.0	2019.4.29	2020.2.14
54	河南中州耐火材料有限公司	10034685	一种耐火砖砖坯外表面修整装置	郅大伟、郅贵有、王春令、关振雷、郅晓伟、苏松奇	ZL2019 2 0607612.5	2019.4.29	2020.2.11
55	河南中州耐火材料有限公司	10129726	一种耐火砖砖坯外表面去毛刺的装置	郅大伟、郅贵有、王有旺	ZL2019 2 0606782.1	2019.4.29	2020.3.17
56	河南中州耐火材料有限公司	10045576	一种耐火砖砖坯生产运输用夹具	郅大伟、王春令	ZL2019 2 0606807.8	2019.4.29	2020.2.14
57	河南中州耐火材料有限公司	10058244	一种熔窑出料口装置	郅大伟、郅贵有、王春令、王有旺、苏松奇	ZL2019 2 0607613.X	2019.4.29	2020.2.14
58	郑州玉升铸造有限公司	2092470	改进V法铸造高锰钢颚板的方法	张天兴	ZL2013 1 0463106	2013.10.8	2016.6.1
59	河南佛山铝业科技有限公司	7628423	一种铝板铸轧蓄热球振动回收架	李天啸、李永杰、徐旭升	ZL2017 2 1544466.3	2017.11.18	2018.7.24
60	河南佛山铝业科技有限公司	7630305	一种薄铝板材包装纸包装架	鲁腾、刘洪亮、刘永杰	ZL2017 2 1544471.4	2017.11.18	2018.7.24
61	河南佛山铝业科技有限公司	7634819	一种薄铝板吊装装置	李天啸、李永杰、徐旭升	ZL2017 2 1544452.1	2017.11.18	2018.7.24
62	河南佛山铝业科技有限公司	7628424	一种薄铝板材横剪机承托辊	鲁腾、刘洪亮、刘永杰	ZL2017 2 1544473.3	2017.11.18	2018.7.24
63	河南佛山铝业科技有限公司	7636332	一种铝板铸轧蓄热球回收吊装架	李天啸、李永杰、徐旭升	ZL2017 2 1544451.7	2017.11.18	2018.7.24
64	河南佛山铝业科技有限公司	7628422	一种薄铝板材横剪机PVC保护膜贴覆辊	鲁腾、刘洪亮、刘永杰	ZL2017 2 1544454.0	2017.11.18	2018.7.24
65	河南佛山铝业科技有限公司	7636014	一种薄铝板材拉弯矫直机PVC保护膜托辊装置	李天啸、李永杰、徐旭升	ZL2017 2 1544453.6	2017.11.18	2018.7.24

续表

序号	企业名称	证书号	发明名称	发明人	专利号	专利申请日	授权公告日
66	河南佛山铝业科技有限公司	7636015	一种薄铝板材横剪机PVC保护膜贴覆机构	鲁腾、刘洪亮、刘永杰	ZL2017 2 1544460.6	2017.11.18	2018.7.24
67	巩义市铠源超细粉有限公司	5513417	一种颚式破碎机连续破碎装置	张青普、王新杰	ZL2016 2 0144876.8	2016.2.26	2016.8.31
68	巩义市铠源超细粉有限公司	5513245	一种新型颚式破碎机	张青普、王新杰	ZL2016 2 0144879.1	2016.2.26	2016.8.31
69	巩义市铠源超细粉有限公司	5514458	一种新型磁选机	张青普、王新杰	ZL2016 2 0144875.1	2016.2.26	2016.8.31
70	巩义市铠源超细粉有限公司	5513319	一种高效涡流选粉机	张青普、王新杰	ZL2016 2 0144879.1	2016.2.26	2016.8.31
71	巩义市铠源超细粉有限公司	5513727	一种粗粒级浓缩磁选机	张青普、王新杰	ZL2016 2 0144874.9	2016.2.26	2016.8.31
72	巩义市铠源超细粉有限公司	5512714	一种球磨机	张青普、王新杰	ZL2016 2 0137917.0	2016.2.26	2016.8.31
73	巩义市铠源超细粉有限公司	5513463	一种矾土矿超细粉制备系统装置	张青普、王新杰	ZL2016 2 0137915.1	2016.2.26	2016.8.31
74	巩义市铠源超细粉有限公司	5512418	一种超细粉打包装置	张青普、王新杰	ZL2016 2 0149883.7	2016.2.26	2016.8.31

科　普　1956年，由乡农技站兼管科普工作。1981年，小关乡科协组定期举办农业技术、植物保护、烟叶栽种和烘烤等学习班，培养了一批农技人员，并有人获得农民技术员证书。1983年，小关乡政府设立科技助理，成立乡科技领导组。截至1984年底，全乡乡村两级承担县以上科技项目11个，自定项目30余个，成果受到巩县科委奖励9项。2010年3月、5月，小关镇在南岭新村举办核桃嫁接技术培训班，61户410人参加培训。2014年6月，小关镇举办养猪技术培训班，各村养殖户参训52人。2015年9月，小关镇在杜沟村举办农业种植技术知识培训班，培训500人。2017年4月，巩义市新型职业农民实训基地在小关镇南岭新村建成投入使用。2017年6月，巩义市小关丰华

2010年小关镇核桃嫁接技术培训班 赵红光 摄

新型职业农民实训基地 王向阳 摄

青少年农业科普活动 王向阳 摄

台现代农业科普开园。2019 年 5 月，小关镇在丰门沟村举办葡萄高效栽培和核桃早果丰产栽培技术培训班。

学校教育

中华人民共和国成立前，小关有私塾 10 余所。清末废私塾，兴学堂。民国初，改学堂为学校，均为小学，称“保国民校”。1948 年，巩县解放，“保国民校”停办，巩县在小关设立“第二十五完全小学校”。1949 年 5—6 月，各村开设初级小学。学校设在祠堂、庙宇或民宅闲置房窑等场所，桌凳学生自备。中华人民共和国成立以后，教育事业蓬勃发展。

中 学 1969 年，小关人民公社成立“小关公社五七高中”。

1968 年，各小学戴帽设初中班，学制三年。

1981 年 8 月，小关人民公社社办初中在楼子沟村小学设立。

1983年10月，小关乡初中在辖区乡政府驻地东700米处建成投入使用。

1987年，原附设全乡各村小学的初中班，合并为6所初中。小关乡第一初中（在小关镇政府东700米处）、小关乡第二初中（在口头村）、小关乡第三初中（在小关村）、小关乡第四初中（在孙寨村）、小关乡第五初中（在楼子沟村）、小关乡第六初中（在获坡村）。

1989年8月，小关乡第六初中停办。

1991年，巩义市第五高中在镇区建成投用，占地面积4.26万平方米，建筑面积2.64万平方米。

1992年8月，小关镇第五初中停办。全镇镇属初中共4所：小关镇第一初中、小关镇第二初中、小关镇第三初中，小关镇第四初中。

1994年7月，小关镇第一初中迁至丁烟村，小关镇第四初中并入第一初中。

2008年8月，小关镇第三初中并入小关镇第一初中。

2011年，全镇有初中2所，共19个教学班，在校学生817人，教师90人。

2011年7月，巩义市第五高中停办。

2012年8月，小关镇第一初中和第二初中合并，定名为小关镇初级中学，迁至辖区原巩义市第五高中校址。

截至2019年底，全镇有初中1所，教学班14个，在校学生680人，教职工78人。

小　学　中华人民共和国成立前，小关地区的学校原为私塾后为小学。1948—1955年，各村学校均为初级小学。完小有“巩县第二十五完全小学校”1所。1956年，各校设高年级。

1968年，全公社18所小学均附设初中班（称“戴帽小学”）。学制小学五年，初中二年。

1982年，全镇学校实现“一无两有六配套”（学校无危房；班班有教室，人人有桌凳；校园围墙、大门、操场、旗杆、水井、厕所等设施配套齐全）。

1986年，小关乡有小学18所，教学班128个，在校生6600人。学制由五年改为六年。

1987年，各村小学不再附设初中班。

2006年，孙寨小学划归竹林镇。

2010年，小关镇有小关小学、口头小学、龙门小学3所小学。张家庄小学设为口头小学的一个教学点。

2011年，全镇有小学3所，教学点1个，有教学班144个，学生1826人，教师140人。

2019年，全镇有小学3所，教学点1个，40个教学班，在校学生1435人，教师117人。

幼儿园 中华人民共和国成立后，小学附设幼稚班。1973 年后，小学附设学前班，时称“育红班”。1978 年，育红班改为学前班，分大、小班。

1985 年后，竹林、孙寨、小关、楼子沟、冯寨等村相继创办幼儿园。

2013 年，小关镇中心幼儿园（公办）在小关村后湾建成开园。

2017 年，小关镇镇东（实验）幼儿园（公建民营）在口头村建成开园。

截至 2019 年底，全镇共有镇中心幼儿园、实验幼儿园和小关村幼儿园 3 所，教学班 36 个，入园幼儿 1112 人，教职工 87 人。

小关镇初级中学 创建于 1981 年 8 月，位于楼子沟村，前身为小关人民公社初级中学。1983 年，更名为小关乡重点初中。1994 年，更名为小关镇初级中学，迁至丁烟村。2012 年 8 月，小关镇初级中学迁入原巩义市第五高中校址。

截至 2019 年底，小关镇初级中学校设 3 个年级共 14 个教学班，在校学生 680 人，教职工 78 人。2016 年，被评为河南省卓越家长学校、巩义市教学质量先进单位。2018 年，被评为郑州市德育建设先进单位。

小关镇初级中学 王向阳 摄

小关镇初级中学科技节 小关镇初级中学 供图

小关中心小学 创办于清朝末年，原址位于小关镇东河老君庙。1949 年，在此设立“巩县第二十五完全小学校”。1995 年，原校址拆除，在镇区亚文化中心西侧建成新址，1996 年 8 月迁入。截至 2019 年底，学校设 6 个年级共 10 个教学班、在校学生 359 人，教职工 34 人。2015 年，获得“郑州市中小学德育先进单位”称号。2017 年、2018 年连续被评为巩义市教育教学工作先进单位。

口头小学 创办于 1949 年，位于口头村。2012 年，迁入原小关镇第二初中校舍。截至 2019 年底，学校设 6 个年级共 13 个教学班，在校学生 590 人，教职工 38 人。2017 年，被评为巩义市创建全国文明城市工作先进单位。2018 年，被评为巩义市语言文字规范化示范学校。

龙门小学 创办于 1950 年，位于龙门村。2008 年 8 月与南岭希望小学合并，迁至镇区原小关镇第三初中校舍。截至 2019 年底，学校设 6 个年级共 11 个教学班，在校学生 395 人，教职工 29 人。2018 年，被评为巩义市语言文字规范化达标学校。

张家庄教学点 2010 年，全镇小学合并，张家庄小学被定为口头小学的一个教学点。2016 年 2 月在原址重建投入使用，占地面积 3080 平方米，建筑面积 2570 平方米。截至 2019 年底，学校设 6 个年级共 6 个教学班，在校学生 91 人，教职工 16 人。

小关中心小学　小关中心小学　供图

口头小学校本课　张良化　摄

20 世纪 70 年代龙门小学教师合影　李红丽　供图

龙门小学　吴森　摄

张家庄教学点 郑红昌 摄

小关镇中心幼儿园 2013 年 8 月建成投入使用，为小关镇公办幼儿园，位于镇区小关村后湾。占地面积 1.32 万平方米，建筑面积 5266 平方米。截至 2019 年底，大、中、小托班和周托班共 12 个，入园幼儿 397 人，教职工 45 人。2016 年，被评为郑州市一级幼儿园。

小关镇中心幼儿园 吴森 摄

小关镇实验幼儿园　王向阳　摄

小关镇实验幼儿园　创办于2017年，位于口头村胡家炉，占地面积6500平方米，建筑面积5000平方米。截至2019年底，有13个教学班，入园幼儿366人，教职员工46人。

小关村幼儿园　创办于1982年，位于小关村，占地面积3400平方米，建筑面积2510平方米。截至2019年底，有5个教学班，入园幼儿122人，教职员工13人。2013年，被评为郑州市二级幼儿园。

医疗卫生

中华人民共和国成立前，辖区以开中药铺坐堂行医为主，开药铺15家，私人行医39人。

1952年，辖区有巩县小关区卫生所1家，药店6家。

1960年，辖区18个村均建有卫生所。

2006年，辖区13个村实现村级标准化卫生所全覆盖，卫生所均达到诊室、治疗室、药房、观察室、健康教育室和中药房“六室分开”标准。

截至2019年底，全镇共有标准化村级卫生所13个，村医31人；有私营卫生室10家，医生11人。

小关卫生院　1952年12月，巩县小关区卫生所成立，位于小关老街前阕。有办公用房及诊室12间，医务人员7人，设中医科、西医科、外科、注射科。

1958 年，改为郑州市上街区新中人民公社中心医院小关门诊部。

1960 年 7 月，新中人民公社中心医院小关门诊部更名为郑州市上街区第二人民医院。

1964 年，改为巩县小关地段卫生院。

1968 年，改为巩县卫生防治院小关分院，搬迁到小关老街西头，新建 600 平方米门诊部，设内科、外科、妇产科、牙科、眼科、正骨科、检验科、放射科、防疫科。

1973 年，改为巩县小关卫生院。

1986—1990 年，新建门诊楼、病房楼，建筑面积 3566 平方米。

2003 年，建成办公和防疫保健一体综合楼，增设计划免疫门诊。

2017 年，改扩建门诊楼、病房、门诊连接病房廊道楼。

2019 年 11 月，改为巩义市总医院小关卫生院。

截至 2019 年底，巩义市总医院小关卫生院占地面积 7800 平方米，建筑面积 7100 平方米。职工 56 人，其中，卫生技术人员 50 人。门诊部设有内、外、妇产、中医、口腔、五官、皮肤、心超、检验、放射等科室。住院部有床位 60 张，设内、外、妇产、五官等病区。配备有全自动生化分析仪、数字化医用 X 射线摄影系统、彩超等医疗设备。年门诊量达

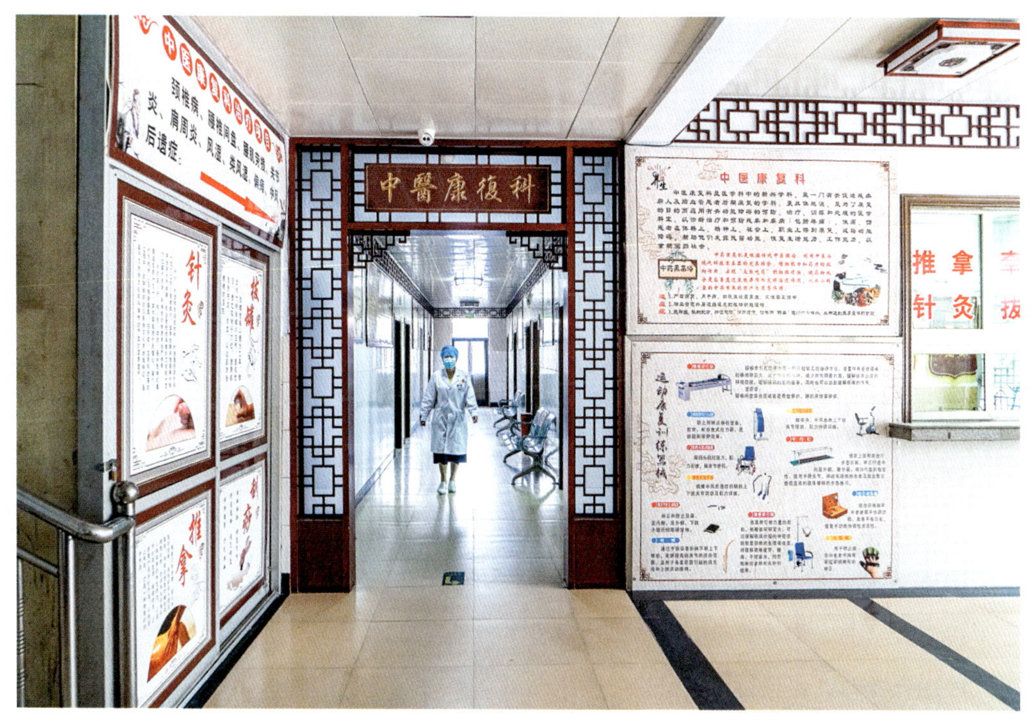

小关卫生院 刘成武 摄

小关卫生院义诊 吴森 摄

89545人次，年住院2338人次，手术57例。先后获得卫生部“一级甲等卫生院”“河南省护理达标单位”“爱婴卫生院”“河南省示范接种门诊”“郑州市文明单位”“郑州市卫生计生系统先进集体”称号。2016年12月，被国家卫生和计划生育委员会评为群众满意的乡镇卫生院。

群众文化

1951年，小关区文化站成立。

1961年6月，小关人民公社文化站成立。

1967年9月，小关人民公社广播站建立。

1970年，小关人民公社成立电影队。

1976年，小关影剧院建成投用，面积900平方米。

1983年2月，小关乡举办全乡大型春节民间文艺汇演活动。

1991年1月，小关村组建安塞腰鼓队。

1992年1月，小关村组建小学生胸鼓队。

20世纪90年代小关镇春节文艺汇演之一　小关镇人民政府　供图

20世纪90年代小关镇春节文艺汇演之二　小关镇人民政府　供图

1995 年，小关村小学生胸鼓队参加郑州国际少林武术节开幕式演出。

1995 年 11 月，小关镇有线电视管理站成立。

2002 年，小关镇文化站改为文化服务中心，建筑面积 200 平方米，设有文体活动室、图书室、阅览室、电子阅览室等。

2007 年 10 月，小关镇在张家庄村文化广场举办“魅力小关”大型文艺演出活动。

2013 年 9—11 月，小关镇举办首届“魅力小关”摄影大赛。

2017 年 4 月，小关镇在水道口村举办以“传承感恩文化”为主题的中原佛山文化庙会。

2017 年 5 月，小关镇开展“百姓宣讲直通车”活动。

2017 年 6 月，小关镇在丰门沟文化广场举行“辰夏杯”小关镇第二届“魅力小关”摄影大赛颁奖暨丰华台现代农业科普开园仪式。第二届摄影大赛于 2015 年 6 月启动，历时两年，参赛作品 2000 余幅。

2018 年 2 月，小关镇在镇区亚文化中心广场举行新春大型文艺汇演活动。全镇 13 个村和重点企业参加，演出舞狮、舞龙、犟驴、旱船、高跷、秧歌、大水、盘鼓等节目，观众达 2 万余人。

2018 年 3 月，小关镇组织 10 支文艺演出队，在巩义市文化广场参加全市“迈进新时代·建设文明城”2018 年新春文艺调演活动。

2018 年 9 月，小关镇在丰门沟村文化广场举办“共建文明城 全面建小康”河洛大舞台文艺演出活动。

2018 年 9 月，小关镇在巩义市文化广场举办中秋节河洛大舞台文艺专场演出活动。

2018 年 10 月，天下黄河——黄河魂·中国梦百名中国油画名家大型写生暨主题创作展巩义段活动，在南岭新村举办。

2019 年 2 月，小关镇在镇区亚文化中心广场举办 2019 年春节民间文艺汇演活动。

2019 年 2 月，小关镇组织 11 支共 500 余人文艺演出队，参加全市“奋进新时代 欢度幸福年”2019 年新春文艺调演活动。

2019 年 3 月，小关镇在大山怀村举办巩义市首届“裕花谷”山茱萸花节踏春活动。

2019 年 6 月，小关镇在大山怀村举办庆祝建党 98 周年暨“摘星夺旗创三宜”文艺演出活动。

2019 年 7 月，小关镇在镇区亚文化中心隆重举办庆八一“双拥”文艺晚会暨优秀退役军人表彰会。

小关镇举办农民丰收节 邵保华 摄

2019 年 9 月，巩义市 2019 年“中国农民丰收节——在希望的田野上”大型活动在小关镇丰门沟村文化广场举办。

2019 年，小关镇小百花戏曲文化艺术团下乡进农村、社区、学校和镇区游园广场演出自编自演节目 50 余场次。

大 水 乐器有大鼓四面，鼓槌四对，大惊（大铜锣）两面，大铙四副，大钹八副，大黑惊（锣）12 面，小锣 4 面。奏法是击鼓槌按歌伴奏。郑沟和口头大水奏法有 20 路，楼子沟大水路歌 14 路。乐队设有总会首，为乐队首领，参与者有五六十人。新参加者，自愿报名，根据爱好由首领分配。一般先学打鼓，后学其他乐器。爱好者组织性较强。排演甚至通宵达旦，平时走路也把锣鼓歌当曲来唱。游行演出时，乐队排列顺序为：大领队旗一面（由总指挥开路），彩旗四面（多的几十面），三眼炮（铳）一对，灯笼一对，高照灯一对，指挥旗一面（乐队负责人持）。大惊四面，后随全乐队。击鼓者身穿黄衣，头戴四棱帽（用四方布将四角挽疙瘩）。锣鼓声与槌相击声形式多样，花样甚多。每打击一场约 30~60 分钟，响声如雷，震天动地。

大水　小关镇人民政府　供图

小　水　小水以吹乐器和击打铜器配合，演奏各种歌曲。主要乐器有上会首（即吹打器），包括铜管子一支（鸣以五指岭教练坑的苇子做成最好），笙、横笛各四至八支。击打乐器（俗称下会首），有鞭鼓、梆子、手板、交钩（或木鱼）、小马锣各一个。铰子、钹、铙、小铜锣各一至四个，有的还有墩子鼓一个。

吹奏歌曲各村不同，基本音符是上、以、四、合、凡、工、人。楼子沟的奏曲有老八板、老长锤、黑驴滚阵、乌鸦垒窝、八密村等。柏沟奏曲有老八板、玻璃经、五圣佛、打贯、小开门、肚疼歌、赞十回等。演奏时，吹乐击乐轮流伴奏，每奏歌曲最少二十分钟，长的如黑驴滚阵、赞十回需一小时。

新中国成立前，楼子沟、大山怀、柏沟、樊寨、郑沟等处小水颇有名声。

郑沟狮子　狮皮用山羊皮缝成。狮头内设木架，外用山羊皮、石膏等塑造而成。舞狮时，舞狮者下穿山羊皮裤。一人双手撑头，使头动嘴张灵活。另一人双手挟前者腰部，弯背撑狮身托尾。狮身用彩绸数匹结花披戴，斗狮者身穿武士衣着，脚穿大缨彩鞋。

斗狮的表演形式甚多，主要有：绣球、枪、刀、剑、戟、梭子棍等。舞狮表演形式有：倒单桌、滚绣球、单桌倒椅、银星推磨、大过桥（桌上放两个椅子）、骑塔（桌上放两条

郑沟狮子 张建军 摄

板凳）、上立梯（用四个木柱架起）等，有时两项结合进行。表演时，大水乐器鼓乐齐奏，鞭炮齐鸣，震惊狮子，斗狮者用绣球引狮入场，先打前五路，鼓乐声和斗狮动作配合。然后再表演精彩节目数场。尤以银星推磨、大过桥、骑塔、上立梯等表演，动作优美惊险，引人入胜。

故 事 在小关镇地区流行甚久，始于清初。故事有三种：高跷（用木材做成，高一米半，下一米为跷脚，上固定一横木为踩板，跷上部绑在腿下部）；低跷（比高跷低一尺半）；地摊（没跷）。故事的道具有枪、刀、剑、马鞭、长带子等。演员化装根据排演节目的角色而定。一般有相公、花旦、青旦、官生、老旦、老生、黑脸或红脸，近年有《西游记》唐僧、孙悟空、猪八戒等角色。

游行队伍排列，一般是先进彩旗数面，大锣两面，墩子鼓一个，锣、钹数个。演员前有一丑角（撑破伞，上挂许多杂物，一手拿芭蕉叶扇，头戴帽子，身穿滑稽衣服），口唱滑稽有趣的顺口溜，吸引观众逗笑，也是打场的开路先锋。

新中国成立前，小关、楼子沟、段河、杜沟、孙寨等村演出的故事较有名。

龙 灯 龙灯是用竹子扎编，外用彩纸（布）糊成龙身。全身若干节，中空插上蜡烛

故事　小关镇人民政府　供图

2012 年小关镇舞龙迎春表演　小关镇人民政府　供图

若干支。表演多在农历正月十六、十九夜晚。点烛放光，下面数人举龙身挥舞，灯火四射似火龙，游动忽快忽慢，雄健有力。近年来，舞龙代替了过去的龙灯表演。

河洛大鼓 在小关有130多年的发展传承历史，是巩义市说书较早的地区，素有书乡之称。河洛大鼓演唱形式较固定，演员主唱1人，拉弦1~3人。艺人多以坐唱稳板，入戏起座。稳板也叫定弦前奏曲，烘托气氛，稳定听众情绪。弦子引路，鼓板相随。唱者右手拿1支7寸[1]红缨鼓槌，摇动面前牛皮小战鼓，左手亮动月牙钢板，琴弦二师全神贯注，按吕调律，由缓到紧，抑扬顿挫说唱演出。

小关镇文化广场统计表

名称	位置	占地面积（平方米）	建成时间	主要设施
腾飞文化广场	镇区西	15000	2008年	人工湖、喷泉、亲水平台、拱桥、假山、高杆灯、景观灯、篮球和门球场
亚文化中心	镇区中心	7800	1995年	演出舞台、跨河吊桥、健身器材、枫林园等
龙门文化广场	龙门村	3500	2006年	演出舞台、篮球场、乒乓球台、照明灯、健身器材
张家庄中心文化广场	张家庄村	7000	2007年	演出舞台、灯光球场、高杆灯、电视屏、喷泉、景观灯、健身器材等
楼子沟文化广场	楼子沟村	2300	2006年	演出舞台、小桥、亭子、喷泉、高杆灯、健身器材等
杜沟文化广场	杜沟村	17300	2010年	演出舞台、杜诗长廊、喷泉、小桥、高杆灯、景观灯、健身器材等
丰门沟文化广场	丰门沟村	26000	2013年	演出舞台、小桥、喷泉、亭子、高杆灯、健身器材、景观灯、阶梯步道等
水道口美丽乡村大舞台	水道口村	4000	2016年	演出舞台、照明灯等
大山怀文化广场	大山怀村	2400	2018年	演出舞台、健身器材、景观灯等
段河文化广场	段河村	7000	2009年	高杆灯、景观灯、健身器材、廊道等
水道口中心文化广场	水道口村	15000	2016年	凉亭，拱桥，廊道、如意湖、圆梦湖、健身器材等

[1] 1寸约为3.3333厘米。

腾飞文化广场 邵保华 摄

张家庄中心文化广场 张建军 摄

杜沟文化广场　小关镇人民政府　供图

丰门沟文化广场　邵保华　摄

大山怀文化广场　邵保华　摄

段河文化广场　王向东　摄

水道口中心文化广场 张建军 摄

体育活动

中华人民共和国成立后，小关镇体育事业蓬勃发展，各村完善体育设施，定期举办体育比赛活动。

1968 年，小关人民公社组织全社篮球比赛。

1973 年，小关人民公社举行“八一”篮球友谊赛。

1975 年，小关人民公社中学生篮球代表队获得巩县东四社中学生篮球赛冠军。

1983—1985 年，小关人民公社组织规模盛大的春节文体活动。

1987 年，小关乡举办第一届运动会。

1989 年，小关乡农民体育协会成立。

2008 年，小关镇举办首届门球邀请赛。

2013 年，小关镇举办中小学学生阳光体育比赛。

2017 年 8 月，北京・越野世家体验营郑州站暨全国首家北京汽车越野试驾体验基地开营典礼，在小关镇杜沟村举行。

2017 年 10 月，小关镇获巩义市第四届运动会乒乓球团体赛女子团体第七名。

杜沟村汽车场地越野公开赛　小关镇人民政府　供图

2017 年 11 月，小关镇杜沟村承办“北京汽车越野世家杯”汽车场地越野公开赛。

2019 年 9 月，小关镇在南岭新村举办“欧凯龙杯”农民传统体育健身赛活动。

2019 年小关镇农民传统体育健身赛之一 张萌阳 摄

2019 年小关镇农民传统体育健身赛之二 张萌阳 摄

社会保障

劳动就业 2012年，小关镇成立人力资源社会保障服务所，设立求职登记和职业介绍处，培训农村剩余劳力，提高专业技能，介绍就业岗位，为用人厂矿企业推介劳动力。2013年，求职登记201人，介绍就业191人；2014年，求职登记237人，介绍就业202人；2015年，求职登记253人，介绍就业225人；2016年，求职登记175人，介绍就业156人。2018年，农村劳动力转移就业340人，城镇再就业358人。2019年，全镇完成农村劳动力转移就业425人，城镇再就业411人，技能培训350人。截至2019年底，全镇农村劳动力（16~60周岁）总数16700人，累计就业11690人。

社会保险 2008年8月，小关镇开始实行居民养老保险制度，具体工作由镇人力资源社会保障服务所承办。2014年，全镇养老保险参保17452人。2015年，全镇养老保险参保17672人。2016年，全镇养老保险参保17924人。2017年，全镇养老保险参保18096人。2018年，全镇养老保险参保19453人。截至2019年底，全镇累计参加城乡居民基本养老保险19631人。全镇离退休人员社会化管理908人。

20世纪90年代小关镇农民工求职招聘现场会 小关镇人民政府 供图

城乡居民医保 1996年，小关镇实行新型农村合作医疗制度（简称“新农合”）。参合农村群众每人每年交3元设立个人账户，市财政及镇财政给每人补助1元，作为参合受益金。2003年，参合人每年交10元设立个人账户。2006—2012年，镇财政每年出资对全镇参加新农合个人缴纳费用进行补贴。2015年，新农合筹资标准：每人缴费90元，其中镇财政补贴50元，农民负担40元。2017年，新农合改为农村居民医保，参保人每年交150元，全镇参保9873户，参保人数32290人。2018年，农村居民医保和城市居民医保合并为城乡居民医保。全镇参保总数31200人。2019年，城乡居民医保移交镇政府管理，全镇参保总计30173人。

低保救助 2003年3月，巩义市政府下发《巩义市农村居民最低生活保障实施办法》，小关镇开始实行最低生活保障制度（简称“低保”）。

2015年，全镇农村低保户计282户466人，发放救助金78.3万元。

2016年，全镇农村低保户计384户650人，发放救助金116.5万元。

2017年，全镇农村低保户计339户586人，发放救助金106.1万元。

2018年，全镇农村低保户计290户495人，发放救助金110.4万元。

2019年，全镇农村低保户计280户483人，发放救助金192.6万元。

社会救助 1958年，小关人民公社成立后，即开展农村困难户的救济工作。1980年，小关人民公社救济困难户184户，救济布票2501尺，棉花697斤，棉衣110件，棉被30条。1982年，小关人民公社发放救灾款137670元，钢筋11吨，水泥48吨，木材18立方米，棉衣、棉被963件（条）。1984年，救济困难户96户，发放救助款17602元，棉衣94件，棉被150条。2007—2017年，小关镇救济困难户累计发放面粉50922公斤，大米540袋，棉衣、棉被1158件（条）。小关镇为全镇26个重病患者进行救助补贴。

特困对象供养 中华人民共和国成立后，小关区对孤寡老人实行“五保”（保吃、保穿、保住、保医、保葬）供养。初期，“五保”老人的生活由农业合作社负责。人民公社时期，“五保”老人的生活由大队、生产队负责。实行土地家庭联产承包责任制后，“五保”老人每人发有生活补贴和责任田，责任田免交农业税，能自种的自种，无自种能力的由村组指定人代种。生活不能自理者其生活仍由村组负责。2017年4月，“五保户”供养改为特困对象供养。截至2019年底，全镇特困户总数144户147人，其中集中供养50户52人，分散供养94户95人。

小关镇敬老院 1989年10月，小关乡政府在辖区孙寨村阎脑设立乡敬老院。1990年，

小关镇敬老院　王向阳　摄

集中供养五保老人 14 人。2006 年，乡敬老院迁至丁烟村，集中供养五保老人 45 人。2012 年 8 月，迁至丰门沟村新丰园，新建公寓式敬老院，总投资 560 万元，占地面积 4100 平方米，建筑面积 2300 平方米。设有餐厅、浴室、文娱室等。有 30 个房间 120 张床位，室内有暖气、空调、卫生间。2019 年，敬老院集中供养特困对象 52 人。2019 年，被河南省民政厅授予“河南省星级敬老院”称号。

脱贫攻坚

2015 年 11 月，中共中央、国务院发布《关于打赢脱贫攻坚战的决定》以来，小关镇认真贯彻落实中央和省、市有关决策部署，以精准脱贫为总抓手，把脱贫攻坚作为最大政治任务和民生工程，成立脱贫攻坚领导小组，13 个村建立脱贫责任组，8 家市直帮扶单位对口帮扶 13 个村贫困户，237 名市镇帮扶责任人与 240 户贫困户“一对一”结对帮扶。

小关镇光伏扶贫项目 小关镇人民政府 供图

小关镇认真对照中央“五个一批”“六个精准”要求，以“两不愁、三保障”为重点，依据省委省政府出台的“五个方案”“五个专项方案”，全面落实巩义市制定的43项扶贫政策。认真推进扶持对象精准、项目安排精准、资金使用精准、措施到户精准、因村派人（任驻村第一书记）精准、脱贫成效精准等“六个精准”措施落实。充分发挥产业优势，全镇98家企业与211户贫困户结对帮扶，提供就业、培训、务工等服务带动脱贫。2018年，全镇非公企业、爱心人士累计投资102.7万元帮助贫困户“七改一增”，改善了户容户貌。安排公益性岗位扶贫：全镇共安排贫困人员146人做护林员、环卫工人、秸秆禁烧监督员等，实现了“一人就业、全家脱贫”的扶贫效果。落实扶贫项目：2016—2020年，全镇实施道路、饮水、贫困户危房改造、光伏扶贫等扶贫项目70个。开展智志双扶教育，以参观学习、技能培训、典型引领、扶贫驿站、积分管理为载体，引导贫困群众提升技能，自立自强脱贫致富。坚持脱贫摘帽后不摘责任、不摘政策、不摘帮扶、不摘监管，健全稳定脱贫长效机制。

截至2019年底，小关镇建档立卡贫困户593户1755人全部实现脱贫。小关镇获

南岭新村精准扶贫产业基地　吴森　摄

得2018年郑州市脱贫攻坚工作先进集体。获得巩义市2018年、2019年脱贫攻坚二等奖。

南岭新村　2013年，全村有建档立卡贫困户258户796人，贫困人口年人均收入2690元。该村积极向上争取各级专项扶贫资金，实施美丽乡村建设项目，发展乡村旅游，打造蝴蝶谷景区，组织贫困人员就近参加修建村组道路、旅游通道、塘坝工程等；发展特色种植，核桃等小杂果面积3400亩；成立农业种植合作社，建成村集体企业，帮助收购销售贫困户农产品等；安排贫困户担任保洁员、护林员公益岗位，多渠道增加收入。2015年，南岭新村省级贫困村“出列”摘帽。截至2019年底，建档立卡户贫困户人均年收入超过10000元。

大山怀村　2013年，全村共有建档立卡贫困户37户96人，贫困人口年人均收入2720元。2015年，该村引进河南辰夏实业有限公司实施裕花谷旅游综合开发项目，全村耕地流转，每年户均增收1200元，实现了“群众不种地，吃粮有保障”。同时引导企业扶贫，设立公益岗位，安排贫困群众就业。2015年，大山怀村省级贫困村“出列”摘帽。截至2019年底，全村建档立卡贫困户人均年收入达7300元。

新修建的大山怀村产业扶贫道路　小关镇人民政府　供图

居民生活

衣　中华人民共和国成立前，做衣服用的都是手工纺织的“土布”。染色时，有的把青草或草根捣碎和布在一起煮，这叫煮布；有的是把白布埋到青泥坑中沤，这叫坑布。中华人民共和国成立到改革开放前，居民服装颜色以蓝、灰、黑以及军绿色为主，流行中山装、军便服，夏天主要是白衬衫加蓝裤子。改革开放后，喇叭裤、牛仔装、西装、羊毛衫等开始流行。20 世纪 90 年代，短裙、职业套装、文化衫等开始流行。进入 21 世纪后，各式各样的外套、大衣、半大衣、皮衣、内衣、T 恤衫、夹克、羽绒服成为服装主流。人们穿衣追求时尚化、个性化、高档化，年轻人注重服装的新潮与时尚，中年人注重服装的质地、款式与舒适度。

食　中华人民共和国成立后到 20 世纪 70 年代初期，居民主食以粗粮（玉米面、小米、红薯面、黄豆面等）为主，一般在过节时才能吃上肉，食用植物油较少。实行家庭联产承包责任制后，粮食产量增加，但大多还是粗粮。到 20 世纪 80 年代后期村民基本上都能吃上白面馒头。进入 21 世纪，各种成品、半成品及快餐消费成为居民新的选择，讲究健康饮食，追求绿色、天然食品。

20 世纪 90 年代老照片 小关镇人民政府 供图

住 传统民居宅基地多选向阳避风、环境适宜的地方。建筑类型有窑洞、瓦房、草房。打窑洞靠土岭，按地形宽窄，有一孔、两孔、三孔五孔不等，满足家庭居住。有的人家财力允许，还用砖石精砌窑前脸面、券窑洞。券窑有明暗之分，暗券是就原来的土窑内用石或砖券起来，明券是把土顶挖去，用石或砖全部券起来，上边可作晒台。到了清末不单有石券窑，两边有的盖上两厢房，甚至还盖上临街房。四合院，就是一户一宅院，不但有上房、左右厢房，下方还有临街房，宅院处于中间，四面都被房舍围合着。四合院的整体架构，上方有的是瓦房 3 间，有的是砖券大窑 3 孔，无论是房是窑，一般都是上下两层，高度为上七下八。左右厢房有各 3 间、4 间、5 间不等。有的两厢房下端之间将院子分为上下两院。院子下方临街房一般是“三间一过道”，“过道”即是大门的位置，多数位于临街房右端一侧，也有位于中间的，根据宅院的方位而定。

20 世纪 90 年代，随着农村经济改善，传统民居土木结构的瓦房升级为砖混结构的平房窑。也有建起钢筋混凝土结构多层小楼，装修流行贴瓷砖。21 世纪后，居住注重宽敞、舒适、美观，楼房装修流行，房屋内部各式家具一应俱全。

水道口村石券窑 邵保华 摄

窑洞民居 邵保华 摄

行 旧时平民出门，多步行，走亲访友、赶集上店，或路途遥远，有骑毛驴或坐马车。20 世纪 80、90 年代，骑自行车、摩托车者增多，逐步兴起三轮车、老年车。进入 21 世纪，汽车进入普通家庭，私家车拥有量不断增加。公共交通事业发展迅速，出行以乘坐公交车、出租车为主。

小关镇乡村道路 小关镇人民政府 供图

精神文明建设

20世纪50—60年代，小关积极开展爱党、爱祖国、爱社会主义、爱和平思想教育，向黄继光、邱少云、雷锋、焦裕禄等英雄模范学习，倡导树立毫不利己、专门利人、助人为乐的思想。

1984年2月，小关乡成立“五讲四美三热爱”（五讲即讲文明、讲礼貌、讲秩序、讲道德、讲卫生；四美即心灵美、语言美、行为美、环境美；三热爱即热爱共产党、热爱人民、热爱社会主义）活动领导小组。

1986年4月，小关乡开展“全乡学竹林，创建双文明”活动。

1987年7月，小关乡党委、政府将“五讲四美三热爱”领导小组改为文明单位建设办公室。

1990年，小关镇开展评选“十星级文明农户”活动，设遵纪守法、劳动致富、尊老爱幼、孝敬公婆等10颗星。

2003年2月，小关镇召开创建国家卫生镇暨“百里文明长廊”动员大会，G310小关段沿线的口头、楼子沟、小关、孙寨等4个行政村及相关单位，实施生态、净化、亮化、畅通、精品等工程，掀起创建高潮。至4月9日，全镇共垒砌花池3200米，栽种移植塔松刺柏黄杨等73800余棵，修补道牙1120米，镇区路灯更新，实现亮化。6月27日，巩义市“三讲一树”暨“百里文明长廊”现场会在小关镇召开。

2004年，小关镇开展“六佳文明农户”（即最佳文明守法农户、最佳诚信经营农户、最佳热心公益农户、最佳美满家庭农户、最佳崇尚文明新风农户、最佳环保卫生农户）评选活动。

2006年，小关镇开展“道德规范进万家”活动，开展“爱国、守法、诚信、知礼”现代公民教育和社会主义荣辱观教育。

2006年7月，小关镇获得“河南省文明镇”称号。

2009年，小关镇获得“全国创建文明村镇工作先进镇”称号。

2010年后，小关镇连年开展“十好”评选活动。

2013年，小关镇、村两级累计投资420万元建设道德讲堂，全年举办活动42场次。

2014年，小关镇将培育和践行社会主义核心价值观作为创建文明镇的重要内容，开展“践行价值观文明我先行”主题系列活动。

全国文明村丰门沟村史文化墙　张为涛　摄

巩义市文明村段河村史文化墙　郑红昌　摄

2015 年，小关镇创成全国文明村镇。

2017 年，小关镇开展“传家训、立家规、扬家风”活动，编印《小关家训家规与家风故事》。

2018 年，小关镇成立新时代文明实践所，各村成立新时代文明实践站。全镇有志愿服务队 25 支，志愿者注册人数达 4360 余人，组织开展关爱孤寡老人、免费义诊、清洁家园、文明劝导等志愿服务活动。

2015—2019 年，小关镇连续两届获得“全国文明村镇”称号。全镇有河南省、郑州市和巩义市文明村（单位）48 个。有省市县各级道德模范、文明市民 130 余人，1260 户被评为镇村级“六佳文明农户”，260 户被评为“文明庭院”。大山怀村村民张芬仙，坚持 50 余年照顾 3 个智障小叔子，2010 年 12 月入选“中国好人榜”。

郑州市文明村南岭新村新时代文明实践站 张为涛 摄

小关镇重阳节敬老活动 马振杰 摄

2020 年志愿者积极参与疫情防控 小关镇人民政府 供图

平安建设

进入新世纪以来，小关镇高度重视平安建设工作，列入重要议事日程，成立平安建设工作站，建立由镇主要领导为组长的平安建设工作领导小组，每年制定平安建设工作方案，完善矛盾调处化解机制建设，引导群众依法逐级走访。加强普法宣传教育和“一村一法律顾问”工作，坚持每季度举行一次法治专题讲座，利用各种会议、平安教育宣传栏、黑板报、墙体标语、电子屏等，在全镇中小学开办法治课，聘请法治辅导员，不断提高广大群众和青少年的法律意识、安全防范意识。完善技防监控设施实现全覆盖。各村建立完善“一约五会”，即村规民约和村民议事会、道德评议会、禁赌禁毒会、红白理事会、孝善理事会。深入开展扫黑除恶和创建“平安村”“平安单位”“平安学校”工作，提高群众自我教育、自我管理、自我监督、自我服务、自我受益的意识和能力。加强对社区矫正、刑释解教、吸毒、精神病人等特殊群体监管。充分发挥农村党员、平安志愿者、义务巡逻队伍在维护社会治安等方面的作用，强化人员密集场所日常消防安全检查，杜绝重大事故的发生，有力地预防、控制和打击违法犯罪，提升基层治理水平，为小关经济社会高质量发展营造平安稳定环境。

警民恳谈会 张良化 摄

乡镇建设

功能区布局

小关镇作为巩义市巩东新区主中心区，按照河南省乡村振兴示范镇，巩义市巩东新区主中心区和产城一体、三生（生产、生活、生态）融合发展特色镇的发展定位，规划形成镇域“两区、两主轴、两次轴、一心、多点”的空间结构。

两区：中心镇区和南岭新村、大山怀村、丰门沟村片区。

两主轴：沿现状 310 国道的东西发展轴，及沿杨涉路的南北空间融合发展轴。

两次轴：沿旅游大道的东西向沟通域外发展轴，及由旅游大道向北延伸贯通镇域东侧的镇东北发展轴。

一心：中心镇区城镇服务中心。

多点：南岭新村、大山怀村、丰门沟村片区及各中心村。全域形成以中心镇区、南山丰片区为核心，以杜沟村、楼子沟、张家庄村、段河村、郑沟村、冯寨村、龙门村、水道口村等 8 个中心村为支撑的城乡协调、三生融合、特色鲜明、发展有序的总体空间格局。

中部：中心产城融合发展区；

北部：镇北一、二、三产业融合发展区。

南部：南岭新村、大山怀村、丰门沟村田园综合发展区。

小关镇区全景　王向阳　摄

镇域产业布局规划

第一产业。结合乡村振兴和美丽乡村建设，围绕“农业增效、农民增收”目标，将传统农业大镇转变为绿色田园经济的新型产业复合体。大力发展生态种植业、生态果林业，促进农业经济向科技型、循环型、旅游型、外向型经济转变，加快形成效益农业、特色农业、观光农业和标准化农业。做大做强特色农业：在稳定基础农业的前提下，以市场为导向，建设优质专用粮和优质新产品生产基地、优质干果基地。加大农业招商引资，推出农业招商项目，向民营企业、外商和科研院所推介，力争农业利用外资不断突破。

第二产业。将镇域划分为“五工业园”，大力发展规模经济、低碳经济。

镇西工业园。包括中心镇区西部工业区、冯寨工业区和龙门工业区。通过集中区域实现集约化、规模化、智能化组团发展，重点支持以万安人防、金东模板、顺庆冶金等为龙头企业开展清洁生产、循环利用等技术升级改造，鼓励企业围绕产业优化升级、延伸产业链条、提升产品附加值，积极实施技术改造、创新发展，做大做强新型耐材、特色装备制造、电子新材料等产业。

镇中工业园。包括中心镇区中部工业区和楼子沟工业区。通过集中区域实现集约化、规模化、智能化组团发展，重点支持以中州铝业、华强建材、中建七局、新高耐重工等为龙头企业，做大做强铝精深加工产业、生物医药、新装配式建筑、新材料、新型耐材等产业。

观光农业油菜花田 张建军 摄

生态林果业丰门沟葡萄园 王向阳 摄

镇东工业园。通过集中区域实现集约化、规模化、智能化组团发展，重点支持以壹恒机械等为龙头企业，做大做强精密设备制造、电子新材料等新兴产业。

杜段工业园。即杜沟—段河工业带，重点支持以凤凰科技、宝昌机械、金凯机械、玉山耐材、段河铝矾土等为龙头，发展特色装备制造业、新型耐材、新材料。

张郑工业园。即张家庄—郑沟工业带，以重点支持佛山铝业、兴平科技、科丰耐材、佛山特新、正达交通、广大焊业等，发展铝精深加工产业、新型耐材、新能源（铝）用汽车配件、装备制造业、新型耐材。

第三产业。以中心镇区为全镇商业、金融、交通、信息、科技、咨询服务中心，开发房地产业及休闲养老事业，新增旅游接待、文化娱乐、餐饮购物、市场流通等公共设施。利用大山怀、丰门沟片区山地资源优势，加快产业结构调整。南部利用丰门沟绿色矿山、南岭蝴蝶谷和裕花谷、农家乐与南部山区的石窑群民宿等特色资源，打造具有一定规模的南部旅游产业综合体的城镇型片区。以南岭、大山怀、丰门沟三个新兴城镇社区为核心的南山丰片区生态旅游规划，实施旅游开发工程，实现小关南部山区观光新型农业的全面升级。积极推进水道口村伏山景区项目建设，发展小关北部山区的养生特色旅游，着力打造“生活宜居、环境优美、设施配套”美丽乡村。

镇中工业园　崔福礼　摄

杜段工业园　崔福礼　摄

张郑工业园　崔福礼　摄

石窑民宿　王向阳　摄

大山怀村生态旅游 邵保华 摄

美丽乡村建设

2005 年以来，小关镇积极贯彻落实中央提出的实施乡村振兴战略和省市提出的“郑州西部要‘美’起来”要求，坚持把美丽乡村建设作为统筹城乡发展的重要载体，坚持规划引领、突出重点、示范带动、彰显特色、整体推进的工作思路，加大投入，加快建设，在积极推进乡村振兴战略中大力实施美丽乡村建设项目，建成一批新农村建设示范村和美丽乡村建设试点村。

河南省新农村建设示范村　张家庄村　2005 年，张家庄村开始实施新农村建设项目，2006 年，新建景观墙 1000 米、安装路灯 40 盏，修建花池 120 个，免费为农户接通有线电视。2007 年，建成居民集中居住楼 3 栋 56 套，完善文化大院各项设施，设立党员活动室，建成村民组健身园 8 个。全村开展“改厕、改厨、改院、改墙”的“四改”活动。2009 年，实施农户房顶“平改坡”工程，78 户改装彩钢瓦房顶。截至 2019 年底，治理村内河道 1000 米，建成游园面积 7000 平方米，绿化面积 2000 平方米，升级村组道路 1400 余米，修建户用水塔 50 个，实现户户通水泥路、用上自来水。2009 年，张家庄村被评为河南省新农村建设示范村。

张家庄村　赵志勇　摄

郑州市新农村建设示范创建单位　杜沟村　2005 年，杜沟村开始实施新农村建设项目，当年改造村组主干道路 5000 米。2006 年，建成村委办公楼、村中心游园广场。2007 年，新建村级达标卫生所，建成封闭式垃圾池 38 个，安装路灯 100 盏，栽种绿植数万棵。2008 年，完成村入口景观区、湿地景观区、中心广场等建设工程，清淤河道 1800 米，建标准公厕 2 所、修建排水管网 1 万多米。开展“十改”工作（改厕、改厨、改院、改墙、改房顶、改圈、改水、改路、改电、改绿），完成庭院改造 210 户，粉刷墙体 21600 平方米。2009 年，杜沟村被评为全国工程项目带动村镇规划一体化试点村、郑州市新农村建设示范创建单位、巩义市新农村建设中心村。

巩义市新农村建设示范村　丰门沟村　2009 年，小关镇政府和中铝小关矿合作，在辖区丰门沟村实施小关镇土地复垦开发项目，对丰门沟村实施整村搬迁，建设集中居住小区（新丰园小区），当年申报并确定为郑州市新农村建设重点项目。该工程项目于 2010 年 3 月开工，2015 年完工。总投资 1.2 亿元，占地面积 600300 平方米，其中居民住宅小区占地 80040 平方米。建成 7 层 12 栋 372 套住宅楼和 2 层 66 套连体独院住宅，配套建成了 6600 平方米的社区服务中心、3600 平方米的游园广场、内外环道路及绿化景观工程等。镇敬老院建在该小区。2007 年、2018 年，村民通上暖气和燃气。配套建成 500 立方储水池 3 个，内外环供排水、垃圾收集处置、污水处理厂等市政配套设施完善。

杜沟村　邵保华　摄

丰门沟村　王向阳　摄

河南省第一批美丽乡村创建试点村　水道口村　2015年11月，水道口村被列为河南省第一批美丽乡村创建试点，美丽乡村建设项目于2016年4月开工，2016年9月完成景观、绿化、排水、铺装4大工程。同年，该村争取专项资金，实施新农村建设项目，新建及整修乡村道路8条28千米、伏山旅游登山步道3200米，建成美丽乡村大舞台、村中心和园广场、如意湖、圆梦湖。2017年，被评为河南省最美乡村、中国康体养生休闲度假最佳目的地。2019年，完成村入口标识、仿古廊道及景观亭、非物质文化遗产培训基地、村综合服务中心、村感恩文化广场、村域内X050路段升级改造等项目。

水道口村　水道口村　供图

河南省美丽乡村建设试点村　大山怀村　2017年7月，大山怀村被确定为河南省美丽乡村建设试点村。2017年11月，项目开工建设。争取各级财政美丽乡村建设项目专项资金，整修通村主干道15千米，新建公厕1座、景观亭3个、景观水系300余米，空地植草绿化1000余平方米，安装路灯240盏，为生态旅游开发创造有利条件。

河南省美丽乡村建设试点村　南岭新村　2017年7月，南岭新村被确定为河南省美丽乡村建设试点村。2018年，争取各级美丽乡村建设项目资金345万元，完成蝴蝶谷景区道路整修，新建观景台、凉亭、800广场、特色小吃一条街、公厕，铺设塑胶跑道，安装路灯、景观灯、高杆灯，绿化面积1300平方米。

河南省美丽乡村建设试点村　小关村　2017年7月，小关村被确定为河南省美丽乡村建设试点村。2018年9月，争取各级美丽乡村建设项目专项资金，实施小关商贸街改造、G310镇区段道路整治、河道污水处理、市政设施升级等项目。2018年12月，北山游园项目开工，2019年11月竣工，公园占地面积35300平方米，绿地面积22000平方米，栽种绿植20万棵，安装景观灯50盏，建公厕1座，步道400米等。

郑州市美丽乡村建设试点村　楼子沟村　2018年10月，楼子沟村被确定为郑州市美丽乡村建设试点村。项目包括基础设施和公共服务设施建设，生态环境和地形地貌保护，

大山怀村　邵保华　摄

南岭新村　邵保华　摄

小关村 王向阳 摄

楼子沟村 王向阳 摄

村落人居环境整治、古建筑保护、翠竹廊道和村委综合楼等。截至2019年底，完成古建筑保护、翠竹廊道建设工程，其他美丽乡村项目按计划顺利推进。

道 路

G310小关段 自境内口头村樊寨起，往西经小关进入竹林镇，境内全长7.9千米。原为郑洛公路小关段，1958年动工修建，1959年竣工通车。1974—1975年，G310小关境内楼子沟、孙寨阎脑和花泉沟脑三段进行改线施工。1985年，G310全线按平原微丘二级公路技术标准加宽改造，路基宽16米，沥青路面宽14米。1987年，G310全线扩宽改造，路面宽14~24米。1995年6月至1996年5月，G310小关镇区段从小关卫生院至小关矿山门前拆老街取直改道，此段路面宽32米。2004年，巩义市公路管理局投资1080万元对小关段5公里路段进行大修。2019年3月31日至6月10日，巩义市公路管理局对巩义境G310巩上交界至小关桥路段进行大修。小关段完成7.9公里路面整修，对小关桥实施桥墩加高，桥梁加厚改造。

X050小关段 境内自水道口村至南岭新村，全长19千米。1969年，修建镇区至南岭新村虎脑段，全长13公里，路宽6.5米，时称南山公路。1971年、1984年、1991年、1996年经4次改造，路基宽14米，路面宽10米。2003年7月，升级为县道X050。实施续

G310小关段 李玲 摄

X050小关段 王平 摄

南山旅游通道小关段　王平　摄

建工程，建设口头村至张家庄至水道口段，总长 6 千米，路面宽 9 米，建友爱桥 1 座。2004 年 10 月，巩义市实施 X050 改造升级工程，2005 年 7 月完工，为小关镇境内南北主干道路。途经南岭新村、大山怀、龙门、小关至 G310、楼子沟、口头、郑沟、张家庄、水道口等 9 个村。

巩义市南山旅游通道小关段　自境内南岭新村荻坡至南岭新村杨树洼与竹林镇新山交界，全长 6 千米。该路段是南山旅游通道中段，东西将雪花洞、蝴蝶谷、长寿山、慈云寺等 4 个景区连成一线。

小关镇村主干道路一览表

名称	起止	长度（米）	路面宽度（米）	建成时间	备注
口水路	G310 口头段—水道口与杨桥交界	6000	9	2007 年	其中口头至张家庄段分别于 1988、1995 年铺设柏油路，2003 年铺设水泥路
冯张路	G310 小关冯寨路口—X050 张家庄段	5500	6.5	2006 年	始建于 1974 年，1989 年分别铺设柏油路，1997 年铺设水泥路，2006 年再次改建
小龙路	G310 小关镇区段—龙门天井沟	6000	5	2015 年	其中 G310 至龙门村委段于 1996 年铺 8 米宽水泥路面，2004 年扩宽至 10 米，并入杨涉路
龙泉大道	G310 楼子沟村口—南岭新村旅游通道	6200	9	2017 年	小关镇域内通往南山旅游通道第二条主干道路
小新路	G310 小关镇区段—新中镇浮戏山旅游通道	2500	6.5	2009 年	原为郑洛公路之一段。始建于 1956 年。分别于 1986 年、1996 年、2009 年改建
镇东路	G310 楼子沟段—郑铝小关矿山火车站	1500	8	2007 年	2013 年改建
口段路	G310 口头段—段河村	5500	9	2003 年	分别于 1989 年、1999 年改建
小山路	G310 小关镇区段—X050 大山怀段	4000	8.5	2016 年	始建于 1966 年，分别于 1987 年、2013 年、2016 年改建

口水路 邵保华 摄

龙泉大道 王向阳 摄

口段路 王向东 摄

小山路 王向东 摄

铁 路

中铝矿业有限公司上街至小关矿山专用线 全长23.5千米。1958年5月兴建，1959年10月通车，在米河半个店岔道建支线至水头石料厂，在新中岔道建支线至新中煤矿。自上街城区经竹川进入巩义市界，经草店、东竹园、两河口、高庙、新中、口头、楼子沟至小关矿山。沿线设红石山、半个店、口头、小关4个车站。1960年，开始办理客货营运业务（在货车上挂1~2节客车厢）。小关境内铁路线全长3千米。

公共交通

1961年，县运输站开通郑洛公路巩县—小关—米河段公交线路。

1998年，南岭新村有个体户车在镇区—南岭新村路段从事出租客运，每天往返3~4次。2011年后逐渐减少停运。

2000年后，辖区有郑巩快运、城乡公交、康百万至雪花洞旅游公交线路运营。

2019年6月，镇内13个行政村开通“一元公交”线路。

中铝矿业有限公司上街至小关矿山专用线　刘体宽　摄

小关镇“一元公交” 马秀帆 摄

供 水

1964—1969 年，小关人民公社打机井 27 眼。

1970—1975 年，小关人民公社打机井 50 眼。1973 年，龙门水库电灌站建成。1974—1975 年，水道口凉水泉电灌站、楼子沟西岭电灌站、段河小水库电灌站建成。

1976—1995 年，新增 100~500 米深水机井 118 眼。

1995 年 3 月，小关镇冯寨水厂建成投用。项目总投资 336 万元，打 430 米深井 1 眼，建 500 立方米蓄水池 1 个，铺设主通水管道 1.3 万米、支管道 3.13 万米，供小关村、冯寨村、孙寨村、龙门村、楼子沟村及镇区企业、居民用水。

2000 年，巩义市实施屋顶集水工程，全镇建水囤 1732 个，发放补贴 138.56 万元。

2004 年，巩义市实施雨水集蓄工程，全镇建水囤 1627 个，发放补贴 211.51 万元。

2004 年 7 月，小关镇接通巩东引黄工程供水管道。镇区及小关村、冯寨村、龙门村、口头村、张家庄村居民用上黄河水。

2014 年 8 月，小关镇区集中供水厂建成投用。项目总投资 500 余万元，建设 3000 立方米蓄水池 1 座，铺设管道 1.26 万米，接通市东五镇供水管网，为镇区居民提供生活用水。

2015—2016 年，全镇实施贫困村饮水安全提升工程。南岭新村和山怀村共建 100~2000 立方米蓄水池 8 座，铺管道 9525 米。

2017—2018 年，全镇实施人畜吃水项目。南岭新村和郑沟村、大山怀村建 100~1000 立方米蓄水池 10 座，安装水泵 4 台，铺设管道 3340 米。

2019 年 11 月，小关镇引进新水源，小关镇区集中供水厂接通新中煤矿水厂供水管道。

供 电

1956 年，小关地区有 10 千伏高压线路 16 千米。小关铝矿周边口头村、楼子沟村、小关村、龙门村用上照明电。

1961 年，小关矿山 35 千伏变电站建成，占地面积 7200 平方米，建筑面积 400 平方米，架设供电线路 21 千米，电网覆盖孙寨村、竹林村、口头村、龙门村、杜沟村、楼子沟村、小关村。

1971 年，小关公社电管所成立。管理变压器 78 台，10 千伏高压线路 68 千米，0.4 千伏低压线路 160 千米。

1979 年，高压线路架设至荻坡、虎脑、杨树洼 3 个村，小关地区实现电网全覆盖。

1982 年，樊寨 110 千伏变电站建成，项目投资 2000 万元，占地面积 4.68 万平方米，建筑面积 900 平方米，架设高压线路 4 条 18 千米。

1984 年，辖区有变压器 83 台，直供 10 千伏线路 1 条，长 17.18 千米。直供 6 千伏线路 3 条 9.64 千米，6 千伏支线 3 条 4.2 千米，低压线路 133.6 千米。

2005 年，河南永通不锈钢 110 千伏变电站建成，位于口头村永通不锈钢厂区，占地面积 8000 平方米，建筑面积 5000 平方米。项目总投资 450 万元。该变电站为双回路供电变电站，主要设备为 4 万千伏安变压器两台，进线 22 万千伏，出线 10 千伏。

2005 年，郑州供电公司慈云 220 千伏变电站建成，由河南省电力公司投资 8000 万元，位于段河村，占地面积 2.8 万平方米，建筑面积 300 平方米。架设高压线路 9 条 35 千米。

2009 年，巩义市供电公司杜沟 110 千伏变电站建成，项目总投资 4000 余万元，占地面积 4800 平方米。建设进线高压 110 千伏线路 2 千米，出线高压 10 千伏线路 68 千米。

郑州供电公司慈云 220 千伏变电站　邵保华　摄

巩义市供电公司杜沟 110 千伏变电站　刘成武　摄

截至2019年底，辖区内有220千伏变电站1座，110千伏变电站3座，35千伏变电站1座，供电所2个。6千伏配电线路6条84千米。10千伏线路6条125千米。0.4千伏线路116千米。配电变压器343台，总容量47690千伏安，用户20106户。

供　气

2017年，小关镇实现天然气供气服务，截至2019年底，辖区有供气站1座，铺设高压管线0.2千米，中压管线22千米，燃气管线已进入12个村庄。

丰门沟暖气燃气入户工程　王向阳　摄

排　水

小关镇口头污水处理厂　2013年建成，位于口头村，占地面积2.01万平方米，建筑面积1.35万平方米，铺设污水管网10.5千米，日可处理生活污水900吨。处理镇区及楼子沟村、口头村等区域生活污水。

小关镇丰门沟污水处理厂　2015年6月建成，位于丰门沟，占地面积4200平方米，建筑面积4000平方米。铺设配套污水管网2000米，日处理生活污水300吨。处理丰门沟村小区生活污水。

丰门沟污水处理厂　王向阳　摄

绿 化

2000年以来，小关镇践行“绿水青山就是金山银山”发展理念，实施造林绿化工程，加强森林资源管理，发挥资源优势，积极开展植树造林、封山育林，增加森林面积和森林蓄积，提高森林质量和森林覆盖度。辖区G310和杨涉路及镇村主干道两侧垒砌总长160千米绿化带，种植各类花草树木150余万株，镇区游园绿地总面积达12万平方米。截至2019年底，辖区有国家级公益林24614亩、省级公益林4167亩，生态林7305亩，退耕还林6976亩。全镇森林覆盖率达41.7%。2011年小关镇获得“国家级生态镇”称号，2015年小关镇获得“国家园林镇”称号。

小关镇青山工程 邵保华 摄

绿色小关　水道口村　供图

环境卫生

1995 年前，小关镇主要街道和各村的保洁工作由各商户和村组户自行负责。2001—2003 年镇政府成立小关镇卫生创建工作领导小组，组建 20 人保洁队伍，购置保洁三轮车 20 辆，修建封闭式垃圾池 230 个，垃圾中转站 35 座，按照“户集、组收、村运、镇处理”的管理办法进行垃圾处理。2012 年，全镇深入开展“爱国卫生月”、人居环境整治活动。镇村共配置 240L 垃圾桶 1000 余个，垃圾装运、深埋桶等 75 个，购置洒水车、湿扫车、雾炮车 5 辆。镇村成立保洁队伍 14 支，保洁员 537 人。2017 年 12 月开始，小关镇环境卫生保洁、农村垃圾收运实行市场化运作，由郑州傲蓝得公司负责全镇的垃圾收运，采取“户投放、村收集、傲蓝得转运、市处理”的运行模式，日产日清。2019 年 5—6 月，全镇开展“拆违促改补绿”工作，拆除各类违章建筑 168 处，清理卫生死角 285 处，绿化面积 4000 余平方米。6—12 月，全镇完成农村户厕改造 3384 户。

小关镇区保洁　王向东　摄

党建政事

中国共产党巩义市小关委员会

1942年，小关曹沟村曹奎升加入中国共产党，为小关第一名共产党员。

1944年6月，嵩山抗日工作站在口头村水泉沟建立。

1945年，小关地区发展中共党员8名：曹西宾（曹沟人）、张良贵（口头人）、赵中（口头人）、张全忠（水道口人）、李光寅（竹林人）、张敬斌（口头人）、武凤山（龙门人）、张云占（大山怀人）。

1951年4月，小关10个村共有党员42人。

1955年，小关区党委设5个党总支，33个党支部，共有党员426人。

1956年，小关区党委设4个党总支和21个党支部，有党员972人。

口头村水泉沟嵩山抗日工作站旧址 张为涛 摄

1959 年 5 月，中国共产党新中人民公社第一次代表大会召开（1958 年 8 月并乡建社，米河中心乡、小关中心乡、新中中心乡合并建立新中人民公社）。

1964 年 6 月，成立中共小关人民公社委员会。

1966 年，中共小关人民公社委员会设 16 个党支部，党员 516 人。

1968 年，成立中共小关人民公社革命委员会。

1971 年 12 月，中国共产党小关人民公社第二次代表大会召开。

1981 年 8 月，中国共产党小关人民公社第三次代表大会召开。

1983 年 12 月，公社改为乡，中共小关人民公社委员会变更为中共小关乡委员会，设 18 个党支部，党员 856 人。

1990 年 10 月 30 日，撤乡建镇，中共小关乡委员会变更为中共小关镇委员会。

1992 年 5 月，中国共产党小关镇第一次代表大会召开。

1995 年 8 月，中国共产党小关镇第二次代表大会召开。

1998 年 4 月，中国共产党小关镇第三次代表大会召开。

2002 年 4 月，中国共产党小关镇第四次代表大会召开。

2006 年 3 月，中国共产党小关镇第五次代表大会召开。

小关镇“学习强国”党建主题文化公园　张良化　摄

2011 年 4 月，中国共产党小关镇第六次代表大会召开。

2016 年 5 月，中国共产党小关镇第七次代表大会召开。

2020 年 8 月，小关镇在镇区建成“学习强国”党建主题文化公园。

截至 2020 年 10 月底，全镇有基层党组织 23 个，其中村级党组织 13 个，机关党组织 1 个，镇直党组织 4 个，非公企业党组织 5 个，共有党员 1806 人。

党建创新 “一定两评三补”机制。围绕破解村级组织“有人干事、有钱办事、有场议事、有章理事”等现实问题，2006 年以来，小关镇党委大胆创新在全镇村级组织实施了“一定两评三补”工作机制。“一定”即镇党委政府年初为各村统筹制定年度发展目标。“两评”即镇党委政府年终对各村目标进行综合考评，党员和群众代表对村各项工作进行民主评议。“三补”即镇党委政府根据“两评”情况，对村级组织实行经费贴补、项目奖补和财政返补三项资金奖补。镇财政每年拿出不低于 160 万元对各村进行“三补”。通过“定评补”机制加强了镇党委政府对村级组织领导，提高了村干部工作积极性，壮大了村级财政的支撑力，实现了基层党的建设与农村社会管理的互促共进、协调发展。

“一定两评三补”机制实施后，全镇各村办公不缺经费，上项目有奖补。全镇 13 个

小关镇便民服务中心 张为涛 摄

村中有10个村纳税超过100万元。各村利用三补资金先后实施游园广场、修建道路、文化大院、卫生所、安全饮水、环境整治等民生工程。

丰门沟村党群服务中心　王向阳　摄

杜沟村便民服务中心　马秀帆　摄

2012 年 12 月，“小关镇实施‘一定两评三补’积极创新基层组织建设体制机制”被评为“郑州市社会科学优秀成果二等奖”。2013 年 1 月，巩义市《实施“一定两评三补”建立村级组织经费保障新机制》获得第二届全国基层党建创新最佳案例。

小关镇人民代表大会

1954 年，巩县开始实行县乡人民代表大会制度。小关各村参与所属地区的人民代表大会活动。

1963 年 9 月，新中人民公社第五届人民代表大会召开。

1981 年 5 月，小关人民公社第六届人民代表大会召开。

1984 年 5 月，小关乡第七届人民代表大会召开。

1987 年 4 月，小关乡第八届人民代表大会召开。

1990 年 3 月，小关乡第九届人民代表大会召开。

1993 年 3 月，小关镇第一届人民代表大会召开。

1996 年 3 月，小关镇第二届人民代表大会召开。

1999 年 3 月，小关镇第三届人民代表大会召开。

2002 年 4 月，小关镇第四届人民代表大会召开。（2002 年以后，小关镇人民代表大会每五年一届。）

2007 年 3 月，小关镇第五届人民代表大会召开。

2012 年 3 月，小关镇第六届人民代表大会召开。

2017 年 3 月，小关镇第七届人民代表大会召开。

小关镇人民政府

1948 年 4 月，巩县解放，小关属荥汜广县第一区管辖。11 月，荥汜广县撤销，小关属巩县第八区。

1955 年，撤区并乡，建立中心乡，小关地区设立小关、口头两个中心乡。

1958 年 8 月，成立政社合一的人民公社，小关中心乡、新中中心乡和米河中心乡合并建立新中人民公社。

1961年7月，新中人民公社分为新中、小关、米河等5个小公社。

1964年，小关人民公社成立，下辖18个大队，239个生产队。

1980年，成立小关人民公社管理委员会。

1983年12月，人民公社体制改革，公社改为乡，成立小关乡人民政府。

1990年10月，撤乡建镇，成立小关镇人民政府。

群团组织

工　会　1954年，小关地区教育工会成立。1956年，小关供销社工会建立。1958年，新中公社中心医院小关门诊部工会建立。1979年，小关粮管所工会成立。1987年，小关镇工会工作委员会成立。2014年，全镇13个行政村均成立村级工会联合会。2017年7月，小关镇工会工作委员会更名为小关镇工会委员会。2019年，成立小关镇金博、三星商店工会联合会和小关镇餐饮行业工会联合会，同年辖区13个村级工会联合会换届。小关镇、村和企业工会维护职工民主权益，组织职工群众参加经济建设等。截至2019年底，全镇成立企事业工会21个，会员共2453人。

共青团小关镇委员会　1949年5月，中国新民主主义青年团巩县第八区（包括小关、米河、新中）委员会成立。

1957年3月，改为中国共产主义青年团巩县第八区委员会。

1961年6月，中国共产主义共青团小关公社委员会成立。

1973年，小关人民公社各大队和小关高中均建立基层团支部。

1973年4月，中国共产主义共青团小关公社委员会第一次代表大会召开。

1979年4月，中国共产主义共青团小关公社委员会第二次代表大会召开。

1982年4月，中国共产主义共青团小关公社委员会第三次代表大会召开。

1983年12月，小关人民公社实行乡建制，团组织名称为共青团小关乡委员会。

1985年4月，中国共产主义共青团小关乡委员会第四次代表大会召开。

1990年10月，小关撤乡建镇，中国共产主义共青团小关乡委员会改为共青团小关镇委员会。

2018年9月，中国共产主义共青团小关镇团员代表大会召开。

截至2019年底，镇团委下辖13个村团支部、10个非公企业团支部和镇机关团支部，有团员 593 名。小关镇团委获得河南省五四红旗团委、郑州市先进团委等称号。

妇 联 1949 年，小关所在的巩县第八区妇女联合会成立。1961 年，成立小关人民公社妇联会。1973 年 4 月小关人民公社第二次妇女代表大会召开，选举张满同志任妇联主任。各大队（村）设妇代会，设主任 1 人。1982 年，口头村张二英被全国妇联命名为“三八红旗手”，孙寨村离退休老干部叶香云同志光荣出席全国妇联召开的五好家庭代表会议。

1983 年，小关人民公社妇联会改为小关乡妇女联合会。

1990 年 10 月，撤乡建镇，妇女组织改称为小关镇妇女联合会。

2000 年后，镇村妇联在各个时期配合党的中心工作，组织妇女参加社会主义建设，开展评选“三八红旗手”和“五好家庭”活动，发挥“半边天”作用。

2017 年 5 月 27 日，小关镇召开第一届妇女代表大会，选举产生新一届妇联执行委员会。各村召开第一届妇女代表大会，改建村妇联组织，原村妇代会改建为村妇女联合会，按照上级有关规定，村妇女联合会主席进入村两委成员。

荣誉称号

小关镇历年获得省级以上荣誉简表

年份	获奖单位	荣誉称号	授奖单位
1993	小关镇	全国乡镇企业先进单位	中华人民共和国农业农村部
1995	小关镇	中州名镇	河南省建设厅
1995	小关镇	河南省发展乡镇企业先进乡镇	中共河南省委、省人民政府
1995	小关镇	全国小城镇建设试点镇	国家建设部
1995	小关镇	中国乡镇之星	国家民政部
1996	小关镇	全国城镇建设先进镇	国家建设部
2003	小关镇	国家级卫生镇	全国爱国卫生运动委员会
2005	小关镇	省级文明先进镇	河南省精神文明建设指导委员会
2005	小关镇	中国乡镇之星	国家民政部
2005	小关镇	省级先进基层党校	中共河南省委宣传部
2006	小关镇	省级文明镇	河南省精神文明建设指导委员会

续表

年份	获奖单位	荣誉称号	授奖单位
2006	龙门村	省级示范卫生所	河南省卫生厅
2006	龙门村	河南省示范文化大院	河南省文化厅
2006	小关镇	河南省人居环境范例奖	河南省建设厅
2007	小关镇	全省“五个好”乡镇党委	中共河南省委组织部
2009	小关镇	2008年度安全生产工作先进单位	河南省政府安全生产委员会
2009	张家庄村	省级生态文明村	河南省环境保护局
2009	杜沟村	省级新农村建设试点村	中共河南省委、河南省人民政府
2009	杜沟村	全省“五个好”村党支部	中共河南省委宣传部
2011	小关镇	河南省园林乡镇	河南省住房和城乡建设厅
2011	小关镇	国家级生态乡镇	中华人民共和国环境保护部
2011	杜沟村	河南省精神文明创建先进村镇	河南省精神文明建设指导委员会
2011	杜沟村	省级生态村	河南省环境保护厅
2011	杜沟村	省级卫生村	河南省爱国卫生运动委员会
2011	小关村	全省先进基层党校	中共河南省委宣传部
2011	小关村	省级卫生村	河南省爱国卫生运动委员会
2011	张家庄村	河南省文明村镇	河南省精神文明建设指导委员会
2011	张家庄村	全省先进基层党组织	中共河南省委
2011	张家庄村	省级卫生村	河南省爱国卫生运动委员会
2011	山怀村	省级生态村	河南省环境保护厅
2011	龙门村	省级卫生村	河南省爱国卫生运动委员会
2012	小关镇	2010—2012年全省创先争优先进基层党组织	中共河南省委
2013	山怀村	省级卫生村	河南省爱国卫生运动委员会
2013	水道口村	省级卫生村	河南省爱国卫生运动委员会
2013	丰门沟村	省级卫生村	河南省爱国卫生运动委员会
2013	丰门沟村	全省先进基层党校	中共河南省委宣传部

续表

年份	获奖单位	荣誉称号	授奖单位
2013	南岭新村	省级卫生村	河南省爱国卫生运动委员会
2013	龙门村	省级生态村	河南省环境保护厅
2013	龙门村	全省先进基层党校	中共河南省委宣传部
2014	小关镇	河南省人民满意公务员示范岗	中共河南省委组织部、宣传部，河南省人力资源和社会保障厅、河南省公务员局
2014	龙门村	河南省城乡居民养老保险经办管理服务示范村（社区）	河南省社会养老保险事业管理局
2015	小关镇	全国文明村镇	中央精神文明建设指导委员会
2015	小关镇	国家园林城镇	国家住房和城乡建设部
2016	小关镇	中国最美乡村休闲旅游名镇	中国营销学会、中国（深圳）国际旅游博览会组委会、中国投资论坛组委会联合颁发
2016	南岭新村	省级生态村	河南省环境保护局
2016	杜沟村	河南省 2016 年度先进基层党校	中共河南省委宣传部
2016	水道口村	中国康体休闲生态最佳目的地	国际休闲经济促进会，中国旅游媒体联盟，《中国城市旅游》杂志社
2016	丰门沟村	河南省文明村	河南省精神文明建设指导委员会
2017	南岭新村	第七批全国“一村一品”示范村镇	农业部
2017	龙门村	全国计划生育协会村级先进单位	中国计划生育协会
2017	南岭新村	2016 年度河南省级生态村	河南省环境保护厅
2017	丰门沟村	全国综合减灾示范社区	国家减灾委员会、民政部
2017	小关镇	河南省 2017 年度环境污染防治攻坚战先进单位	河南省生态环境厅
2017	杜沟村	河南省先进基层党校	中共河南省委宣传部
2017	水道口村	获得河南十大最美乡村称号	河南省委宣传部、省政府发展研究中心、省农业厅、省住建厅、省旅游局
2017	南岭新村	全国生态文化村	中国生态文化协会
2017	南岭新村	第四批全国森林康养基地试点建设单位	中国林业产业联合会

续表

年份	获奖单位	荣誉称号	授奖单位
2018	小关镇	河南省乡村振兴示范镇	河南省委农村工作办公室
2018	丰门沟村	河南省水土保持示范村	河南省水利厅
2018	杜沟村	河南省先进基层党校	中共河南省委宣传部
2019	小关镇敬老院	2019 年河南省星级敬老院	河南省民政厅
2019	南岭新村	国家森林乡村	国家林业和草原局
2019	南岭新村	河南省乡村旅游特色村	河南省文化和旅游厅

张耀宗　摄

镇域经济

农 业

小关镇地处丘陵山区。1949 年前，农业基础设施落后，抵御灾害能力差，农业生产发展缓慢，广大农民生活贫困。中华人民共和国成立后，在党和政府的领导下，1949—1956 年，经过土改，建立互助组、初级社、高级社，农业实现生产资料公有制。1956—1966 年，成立人民公社，实行公社、大队、生产队三级所有，生产队为核算单位。农村按照“多劳多得、不劳不得食”的分配原则，实行评工记分制，调动劳动积极性。党的十一届三中全会后，农村推行改革开放政策，1981 年农村实行家庭联产承包责任制，大力开展农田水利基本建设，促进农业生产较快发展。

进入新时代，小关镇大力调整农业产业结构，积极发展生态现代农业，着重在南部山区发展干果种植，在北部各村种植粮食作物，优良品种普及率在 98%。2018 年 12 月，全镇 13 个村成立农村集体经济合作社。截至 2019 年底，全镇拥有收割机、秸秆还田等各类大中型农机具 70 多套，提高了机械化耕作水平。全镇成立个体种植、养殖、农机等农业专业合作社 25 个，粮食作物种植面积 11080 亩，粮食总产量达到 384 万公斤。

种植业

主要农作物有：小麦、玉米、红薯、谷子、花生、绿豆、大豆、芝麻、油菜等。林果有核桃、杏、李子、梨、柿子、桃等。2012 年以来，种植小麦优良品种：众麦 2 号、科晨 787 等。玉米：郑单 958、浚单 20、滑玉 15、豫禾 988、吉祥 1 号等。红薯：西瓜红、贵州红、胜利 100 号等。

2017 年丰门沟发展农业项目，建成蔬菜大棚，引进无土栽培技术。2018 年，冯寨村巩义市金佛种养殖专业合作社从郑州市农科所引进种植西瓜红红薯、豫谷 31 号谷子等新品种，红薯亩产达 4000 斤，谷子亩产达 400 余斤。

巩义市绿源杂粮种植专业合作社 2005 年组建以来，以农户 + 基地的模式，发挥南岭新村山区优势，开发无公害绿色农业。2014 年，发展种植核桃基地 3400 亩，小杂粮基地 5000 亩。2015 年，建成巩义市小关绿康源食品加工厂，石磨面、玉米糁、小米、柿子醋、核桃、绿豆等 11 种“长龄籽”系列绿色无公害产品，在首届中国（郑州）农业产品博览会上获得金奖，在中国粮油精品展示会上获一等奖。绿豆获得河南省名牌产品并列入国家名优农产品名录。该合作社被定为河南省农业标准化生产示范基地。

小麦种植　邵保华　摄

麦收　张耀宗　摄

秋收谷子　张建军　摄

林果业

中华人民共和国成立后，政府发动群众在河边、沟边、地边、房前屋后种植桐树、杨树等用材树木和经济林木。

1964 年，全境封山育林面积 7.4 万亩。

1976 年，小关人民公社在虎脑村建起公社林场，至 1984 年，共栽楸树、桐树、刺槐、松树、柏树、栗树等 35 万棵，苹果、核桃、杏、桃、柿树等 25000 棵。

1983—1985 年，小关乡推行农桐林网化，全乡累计林网植树 29600 亩，荒山造林、四旁植树 41 万棵。

1995—2000 年，全镇累计种植柿树、核桃、梨、杏、桃等经济林木 20.3 万棵。

2002—2005 年，全镇退耕还林 6976 亩。

2014 年，南岭新村建成 3400 亩核桃种植生产基地。

2015 年 3 月，巩义市丰华台葡萄园在丰门沟村建成。

2017 年，郑沟村、水道口村、张家庄村引种花椒 136 亩，种植杏、樱桃果树。

2018 年，南岭新村种植连翘 475 亩，辛夷、丹参、蒲公英、柴胡 45 亩。

南岭新村核桃种植生产基地　王向阳　摄

丰华台葡萄园　小关镇人民政府　供图

2019 年，南岭新村、杜沟、郑沟三村开展林果化示范村创建，种植果树 2.1 万棵。冯寨村种植金珠果梨、冬桃、黄桃、李子、软籽石榴等品种果树 110 亩。

养殖业

辖区养殖主要有猪、牛、羊、鸡、鸭、鹅等。2019 年底，全镇有养殖户 38 户。猪存栏 2234 头，出栏 5492 头。牛存栏 224 头，出栏 1224 头。羊存栏 1354 只，出栏 2569 只。

土地复垦

2009 年，小关镇为解决丰门沟村历史遗留废旧矿坑环境污染问题，结合巩义市新农

村建设规划，将土地综合整治和新农村建设两项工作有效结合，与中铝矿业有限公司郑州分公司合作，实施小关镇丰门沟村土地复垦综合整治试点项目，实行“全域规划、全域设计、全域整治”，实现丰门沟村迁村并点，人口集中社区居住，土地资源集约综合利用。至2019年底，整理复垦土地面积1100亩，新增耕地面积450亩，丰门沟村“田、水、路、林、村、房”得到综合整治，提高了耕地质量。

土地流转

2014年以来，小关镇引导鼓励农户通过转包、转让、入股、合作、租赁、互换等方式出让经营权，承包地向专业大户、合作社等流转，发展农业规模经营。截至2019年底，全镇已有大山怀、丰门沟、冯寨、口头、水道口、张家庄、杜沟、郑沟、小关等9个村流转土地2127亩。

丰门沟村土地复垦综合整治试点项目 王向阳 摄

工业

1949年前，小关镇仅有小煤窑和砖瓦窑、铁匠炉、豆腐坊、油坊等手工业。中华人民共和国成立初期，主要有以维修农具为主的小维修、小加工、小制造，服务当地农业生产和人民群众生活。

20世纪60、70年代，小关社、队两级利用本地铝矾土、石灰石和煤炭等资源优势，发展机械厂、煤矿、耐火厂、水泥厂、红砖厂、阀门厂、熟石窑、石灰窑等社队集体工业企业。

1978年后，小关公社在改革开放政策指引下，坚持“围绕农业办工业，办好工业促农业”，采取“三就地”（就地取材、就地加工、就地销售）“四依靠”（依靠自有资金、旧设备、能人技术、廉价劳动力）的发展方针，至1980年底，社队企业总数发展到46个，工业总产值达到1288万元。

1983年后，小关乡党委、政府实施“四引一联”，向社会引进资金、技术、人才、设备，实行城乡横向联合，生产要素优化组合，全乡乡镇企业有了较快发展。1986年，小关镇完成工业总产值5499万元。1987年，完成工业总产值7186万元。1988年，全镇工业总产值突破亿元，完成12103万元。1989年，完成工业总产值13100万元。1990年，完成工业总产值15935万元，列全县工农业总产值第3名。

小关乡20世纪80年代河南省水泥工业公司水泥厂　小关镇人民政府　供图

1990 年小关乡改镇暨工业战线年终总结表彰大会　小关镇人民政府　供图

1989 年后，根据中央和省、市、县“强力兴工，以工促农”发展战略，小关镇提出“新上大项目、实施规模经济、发展高新技术企业”的发展新思路，积极开展多轮驱动，推进企业上水平、上等级、上规模、上效益。截至 1999 年底，全镇煤矿、水泥、耐火材料、矾土粉加工、铸造、无纺布、金属镁、铁路配件、汽车配件、SP 板预制件等工业企业发展到 310 余家，总产值突破 5 亿元。

2000 年后，小关镇优化发展环境，强力实施人才回归战略，制定发展工业激励措施。至 2009 年底，全镇企业达 116 家。2011 年，镇党委政府提出大力实施“工业强镇、商贸富镇、科教兴镇、生态立镇”的发展战略。在转型升级上明确了工业经济由资源型向高端化、终端化、高效益方向转型的发展思路；发展布局上确立了整体打造巩义市巩东新区小关科技创新区；产业结构推动铝工业向终端市场转型、耐材业向下游工程技术服务延伸、装备制造向先进制造业转变。积极发展新材料、新能源、生物医药等产业，淘汰落后产能。深入开展招商引资，建立招商服务队，制定招商引资奖励优惠政策，推动项目落地。加快工业转型步伐，引进发展了凤凰科技、中州铝业、佛山铝业、万安人防、中建科技、佛山新能源、辰夏实业等一批新兴产业。至 2019 年底，全镇累计完成投资 53.6 亿元，实施新建续建工业项目 157 项。全镇工业企业总数 125 家，其中，规模企业 27 家，市级产学研基地 3 家，省级高新技术企业 4 家。

高精铝加工

截至2019年底，辖区有高精铝加工企业4家，设计年加工生产能力为铝板带箔40万吨。

河南佛山铝业科技有限公司　2007年建成投产，有铸轧和冷轧等生产线10条。设计能力年产各种规格的冷、铸轧铝板、铝卷、铝箔系列产品20万吨。2019年，销售收入18.53亿元。

郑州市中州铝业有限公司　2010年建成投产，2018年形成16条铸轧生产线，一条冷轧生产线。设计能力年产各种规格的冷、铸轧铝板、铝卷、铝箔系列产品20万吨。2019年，销售收入19.5亿元。

佛山铝业生产车间　邵保华　摄

佛山铝业成品车间　邵保华　摄

中州铝业生产车间之一 小关镇人民政府 供图

中州铝业生产车间之二 张建军 摄

新材料

2019 年，辖区有郑州凤凰新材料科技有限公司、巩义市兴平耐火材料有限公司、中建七局建筑工业化巩义实验基地、郑州枫林无纺科技有限公司、巩义市铠源超细粉有限公司、巩义市鹏程耐火材料有限公司、巩义市中达耐火材料有限公司、巩义市段河铝矾土加工厂、巩义市金正耐火材料厂、河南中州耐火材料有限公司、郑州华强现代建筑材料有限公司、郑州佛山医疗器械有限公司等。

郑州凤凰新材料科技有限公司 2013 年建成投产，列入河南省重点招商引资项目。该公司生产的自动埋弧焊剂是一种高级新型焊接材料，企业通过 ISO9001 质量管理体系认证、欧盟 CE 认证、英国劳氏船级社认证、美国 ABS 船级社认证及中国船级社认证。2019 年，焊剂生产达到 38 万吨，产销量占国内市场份额的 40% 以上，产品用于港珠澳大桥建设，并远销欧美市场，是巩义市三十强企业之一。

巩义市兴平耐火材料有限公司 建于 1992 年，主要产品为各种浇注料、捣打料、炮泥、压入泥浆等不定型耐火材料。2008 年，企业通过 1S09001 国际质量体系认证。2019 年，销售额 1.67 亿元，是巩义市三十强企业之一。

中建七局建筑工业化巩义实验基地 中建七局在小关镇设立的分支项目机构。2014 年建成投产，主要生产墙体、叠合板、楼梯、部品部件等混凝土装配式建筑预制构件，年

郑州凤凰新材料科技有限公司生产车间之一　王向阳　摄

郑州凤凰新材料科技有限公司生产车间之二　张为涛　摄

巩义市兴平耐火材料有限公司生产车间　马秀帆　摄

中建七局建筑工业化巩义实验基地　张为涛　摄

生产能力为预制构件 10 万余立方米，已形成投资、研发、设计、构件生产、装配建造、物业一体化特色优势。

郑州枫林无纺科技有限公司　1997 年 2 月建成投产。主要产品为水刺医疗卫生用布、PVA 可降解卫生材料用布、人工 PU 革基布、各种功能性擦布、保暖材料等，产品销售网络覆盖美国、日本、韩国、欧洲等国家和地区。2007 年 12 月，被河南省科学科技厅确定为高新技术企业，产品被认定为高新技术产品。2019 年，销售收入 2160 万元。

郑州枫林无纺科技有限公司生产车间 张为涛 摄

中州耐火材料有限公司 始建于1973年，原为镇办企业河南中州企业集团一分厂，1997年改制为股份制企业。公司产品高炉热风炉用低蠕变大墙砖、拱顶砖和七孔格子砖，被首钢博物馆永久保存。2016年12月，公司和北京科技大学合作研制开发的十九孔带肋格子砖，获得国家科技成果奖，“河南省科技进步一等奖”。

郑州华强现代建筑材料有限公司 建于1995年5月，为我国首批引进美国SPANCRETE公司全套设备、工艺流程、专利技术、商标使用权，生产和销售大跨度预应力混凝土空心板（简称“SP板”）的专业公司。它是河南省生产SP板的混凝土预制构件专业Ⅱ级企业，年产SP板混凝土预制构件40万平方米。2002年被评为河南省优秀预制、预拌混凝土企业，2005年被评为中国混凝土行业优秀企业，获得“郑州市建筑业商品混凝土生产先进企业”等称号。

特种装备制造

2019年，辖区有郑州市万安人防工程防护设备有限公司、河南新时代钢构有限公司、巩义市宝昌机械设备有限公司、巩义市新高耐重工机械有限公司、郑州玉升铸造有限公司、巩义市壹恒机械设备有限公司、巩义市金凯机械有限公司、河南盛龙金属制品有限公司、巩义金东模板加工厂等。

郑州市万安人防工程防护设备有限公司生产车间　邵保华　摄

郑州市万安人防工程防护设备有限公司　2014 年建成投产，是河南省人民防空办公室公示的专业生产人防工程、防化设备的定点企业。2019 年产值达 4474 万元。

巩义市宝昌机械设备有限公司　2015 年 6 月成立，是国内采用先进自动化 V 法铸造和消失模铸造工艺生产汽车、电力及耐磨铸件的专业生产企业。2019 年产值 1400 万元。产品广泛应用于矿山、冶金、建材、电力、耐材、化工等行业。获得国家实用新型专利 15 项，通过 ISO9001 产品质量认证、环境管理体系认证、职业健康与安全管理认证，2019 年被评为巩义市诚信示范企业。

巩义市新高耐重工机械有限公司　创建于 2016 年，研制生产 PCZ 系列重型锤式破碎机，PC 系列锤式破碎机，XS 系列洗砂机、PCK 系列单转子制砂机，ZG 系列振动给料机，YK 系列圆振动筛破碎筛分成套设备，产品出口日本、印度等。

郑州玉升铸造有限公司　1995 年成立，是中国铸造协会会员单位，河南科技大学耐磨材料研究中心合作单位。2010 年被中国信用评价中心确定为“中国 A 级信用单位”，2011 年“玉升”牌耐磨铸件系列产品被中国品牌质量管理评价中心确定为“中国著名品牌”。被河南省科学技术协会确定为“河南省优秀科技创新型单位”。

巩义市宝昌机械设备有限公司生产车间　邵保华　摄

巩义市新高耐重工机械有限公司生产车间　王向阳　摄

中铝矿业有限公司郑州分公司小关矿

中铝矿业有限公司郑州分公司小关矿，建于1957年，为国家“二五”计划项目，属冶金部直属企业。先后曾更名503厂小关矿山、郑州铝厂小关铝矿、中国长城铝业公司小关铝矿、中铝河南分公司小关铝矿。2020年1月，更名为中铝矿业有限公司郑州区域事业部。

1958年，建矿初期，该矿在小关地区东至楼子沟、丰门沟，南至大山怀、龙门，北至小关，西至龙门2、3队、孙寨3队及丁烟村，露天开采矿石，上层剥离土山皮，中间剥离石灰岩，下采铝石。该矿开发有高铝、普铝、熔剂灰岩、水泥灰岩等4个矿石品种，担负着矿石检斤、储存、配矿、破碎、供矿任务。拥有两套矿石破碎系统，其主破碎系统为20世纪60年代苏联援建，2008年改扩建，2012年新建破碎生产线。建有上街至小关的铁路专用线一条，每天4趟专列往返运输矿石。

所辖矿区范围涉及巩义市、登封市、荥阳市、新密市等地20个乡镇，年供矿能力由建矿初期的40万吨，发展到2019年的200余万吨，具备向中铝矿业公司、中州分公司、山东分公司、郑州轻金属研究院等中铝公司成员单位供矿的能力。

曾被评为冶金部红旗单位、全国“复土造田先进单位”，被联合国环境保护署列为环境保护试验区，河南省“工业学大庆”先进单位，国家有色金属工业总公司“环境优美矿山”、河南省“文明单位”、中铝公司“安全生产标准化矿山”等。

建矿以来，积极参与小关城镇建设、抗洪抢险、修桥筑路、济困扶贫等，支持土地整理复垦和丰门沟村新农村建设，为小关地区的经济社会发展做出了积极贡献。

中铝小关矿粉碎车间　王向阳　摄

商 业

中华人民共和国成立前，小关集镇为巩县六大集镇之一。原老街有长约 500 米，宽约 10 米的街道，各类店铺 60 余家。清末及民初，小关集市农历逢二、六为大集。每临集日，数十里乡民及商贩至此进行买卖交易。东河为牲畜市场，东街口出售荆货、竹货、农具。东西两厢摆满蔬菜瓜果，西街是日杂粮食、百货等商品交易市场。每逢农历正月十六、三月廿五、七月廿四、九月十三等古会，小关集镇生意兴隆，购销两旺。

中华人民共和国成立初期，商业网点以小关供销社为主体，先后增设了百货、针织、五金交电、糖烟酒、日杂、农具、饮食、照相、理发等门市部。1980 年后，改革开放不断深入，商业日渐繁荣，除供销社外，集体和个体经济也有很大发展。1981 年，商业中心由原老街转移到供销社大楼以东、矿山大门以西的郑洛公路两侧。

1993 年，小关镇建成滨河新村市场。1995 年 2 月，小关供销社移址亚文化中心大楼。1995 年 8 月，小关市场迁至镇区 G310 两侧。1996 年，小关商贸街东、西各建仿古式“商贸街”牌坊门，完善街道路面、路灯、水、电、通信等配套设施。2013 年，小关供销大厦建成。2019 年，镇政府投资对小关商贸街升级改造，铺设人行道，更新路灯等。

2019 年，小关镇形成了以商贸街为主，辐射滨河市场、亚文化中心、G310 两侧，占地 20 万平方米的商贸区，有各类商户 360 余户。

小关镇商贸街　吴森　摄

小关镇新型商贸市场 邵保华 摄

口头集贸市场 1955 年，小关供销社在口头谷山建百货、日杂、收购门市部。1995 年，口头村在 310 国道以南开发口头市场一条街及集贸市场，占地 6670 平方米，建筑面积 4914 平方米，容纳商户 80 余家。2012 年以来，口头村以发展商贸区为带动，不断扩大口头市场规模。截至 2019 年底，市场入驻商户 430 余家，成为小关镇辖区重要的商贸市场。

旅游业

小关镇依托辖区丰富的原始山水森林生态、历史文化及红色资源，南部以南岭新村、大山怀原生态为主开发自然景观旅游；北部以水道口村文化、养生为主开发美丽乡村游；东北部有红土沟北汽越野文化基地游和嵩山抗日工作站、抗日英雄故居红色游等。

蝴蝶谷景区

蝴蝶谷景区位于南岭新村，景区总面积 15 平方千米，原生态植被保护良好。蝴蝶谷春天桃花盛开，夏日溪流潺潺，秋天满山红叶，冬日冰瀑如柱。景区山峰有马头崖、人头山、鸡冠山、高谷堆、葫芦山、太阳岭、蝴蝶山、群象岭等。自然景观有通天洞、翻水泉、神仙洞、牛鼻洞、过风洞、青龙脖等。奇石有：虎啸石、母爱石、飞来石、骆驼石、石鸽子、蛤蟆嘴、大白鲨、白舌鳄等。清代庙宇有悟空庙（巩义市级文物保护单位）、龙王庙等 10 座，

蝴蝶谷景区之一　邵保华　摄

蝴蝶谷景区之二　王向阳　摄

农家乐 王向阳 摄

景区民宿 王向阳 摄

有民国时期天主堂旧址。古堡山寨 3 座：黑风寨、鹿耳寨（郑州市级文物保护单位）、牛家寨。200 年以上古树 200 余棵。

裕花谷景区

裕花谷景区位于大山怀村。景区凤凰台，有一片古橿子栎树林，一棵 1500 年的古橿栎，周围繁生 500 年以上古橿栎 18 棵。裕花谷漫山遍野分布 20000 余株山茱萸树，其中百年以上树龄的有 500 余棵。奇石景观有石桌、石印等。春天，除茱萸花外，山桃花、杏花、梨花和裕花谷全域打造的碧桃、海棠、樱花、玉兰等形成多彩花海。

裕花谷景区　邵保华　摄

山茱萸古树　邵保华　摄

巩义市丰华台农业产业示范园

巩义市丰华台农业产业示范园位于丰门沟村，2015 年建园，由河南辰夏实业有限公司流转丰门沟村土地，重点打造农业观光旅游项目，以发展高档水果、绿化苗木、设施农业、生态养殖等智慧、创新、体验农业为主。园内建有占地面积 4100 平方米的阳光温室大棚和现代农业科普园，发展观光农业采摘、亲子游等。丰花台葡萄园于 2016 年被国家农业部评为无公害葡萄基地。

丰华台农业产业示范园 王向东 摄

丰华台观景台 王向阳 摄

水道口美丽乡村游

景区位于水道口村，总面积3.9平方千米。景区内有巩义市文物保护单位左夫人墓（娘娘墓）、伏山寨、祖师庙、文昌阁、神水泉、马扒泉、马蹄石、跑马岭、伏山阻击战遗址等景点。旅游服务设施完善，集养生、餐饮、种植、养殖、农民文化为一体，建有美丽乡村大舞台、和谐游园广场等。

红土沟越野小镇

红土沟越野小镇位于杜沟村，规划总占地面积1100亩，由河南省天行健汽车集团投资开发，是以越野文化为主题，集越野赛道、试乘试驾、新车发布、房车营地、趣味拓展等功能为一体的深度体验公园。该基地越野赛道长度2.06千米，宽度6~8米，落差12米，呈太极图状，设大小驼峰、搓板路、轮胎坑、乱石阵、侧倾道、S弯等技术障碍。可用于越野训练，越野试驾及国家级比赛。截至2019年底，该基地已7次举行由全国各地著名赛车手参加的越野车赛事和企业形象展示活动。

美丽水道口之一 张建军 摄

美丽水道口之二　张耀宗　摄

红土沟越野小镇之一 张良化 摄

红土沟越野小镇之二 张良化 摄

红色传承

LOCAL RECORDS OF XIAOGUAN

1980年7月3日，开封地区行政专员公署批准巩县小关等8个公社为豫西抗日根据地革命老区，1981年巩县人民政府《河南巩县革命烈士英名录》公布的小关乡革命烈士有43名。镇域有河南省红色文化教育基地嵩山抗日工作站旧址，抗日战争时期琉璃庙沟伏击战战场遗址、伏山阻击战遗址，抗日英雄曹永禄、曹西宾纪念碑等。

嵩山抗日工作站旧址

嵩山抗日工作站旧址位于口头村水泉沟。坐西面东，长11.7米，宽10.7米，现存窑洞三孔，正面二孔，北侧窑洞为当年工作站活动室；两侧各一孔，呈罗圈椅状排列，窑深4~10米。这是巩义市建立的第一个抗日革命工作站。对外开放土窑洞三孔，窑内展示当年革命先辈抗日实物等。院内有36英雄“义结金兰”纪念碑。2007年12月，被巩义市人民政府公布为第二批文物保护单位。2009年6月，被郑州市人民政府公布为第二批文物保护单位。

嵩山抗日工作站旧址之一　王向阳　摄

嵩山抗日工作站旧址之二　雷宇　摄

1944年4月，侵华日军发动豫湘桂战役，国民党河南守军大溃败，豫西大片国土沦陷。中共中央发出了挺进豫西的指示。八路军太行军区抽调一批河南籍和熟悉豫西情况的干部，先遣豫西各县寻找地下党，了解敌情，发动群众，迎接大部队到来。这批先遣人员中，中共党员孙克明被派遣到巩县。到达巩县后，孙克明首先发展其在巩县的熟人，原小关乡口头村联保队队副张良贵参加抗日活动，并以位于口头水泉沟的关帝庙为联络点，秘密发展抗日力量，不久即动员了20多名热血青年。1944年6月上旬，孙克明、张良贵组织这些青年在关帝庙以“听从指挥，勇敢工作，保守秘密，抗日到底”为誓言，以义结金兰的方式，建立了嵩山抗日工作站，孙克明任站长、张良贵任副站长。

嵩山抗日工作站建立后，一方面积极进行秘密抗日宣传，四处张贴标语，甚至把标语贴到了维持会和汉奸的门上。另一方面积极开展统战工作，促使一批地方开明人士站在了抗日一边。在日寇占领、汉奸当道的残酷环境下，嵩山抗日工作站的抗日活动对振奋民族精神、唤起民众抗日热情起到了重大作用；对分化地方敌对势力、瓦解伪顽力量、孤立敌寇是一种强大的政治攻势。崇仁乡老庙山保长程子川，经过宣传教育提高了觉悟，向抗日工作站赠送两支手枪，八路军豫西抗日先遣支队到来后，他参加了抗日队伍。

1944 年 10 月，八路军豫西抗日先遣支队进入巩县，孙克明等迅即与部队取得联系，在中共巩县县委、独立支队的领导和支持下，抗日工作站解散了伪崇仁乡维持会，收编了乡治安大队，建立起巩县第一个抗日基层政权——巩县第一区抗日民主政府。孙克明任一区副区长，张良贵任一区区干队副队长，抗日工作站其他同志也分别编入抗日武装和地方政权继续从事抗日工作。1945 年 9 月，抗日先遣支队南下后该工作站停止工作。

琉璃庙沟伏击战

1945 年 6 月 15 日，八路军豫西抗日先遣支队 3 团攻克了汜水县高山寨和竹川村，消灭了伪军王乐山部。战斗结束后，3 团领导分析敌情认为，敌人很可能到嵩山区专员公署和 3 团团部所在地琉璃庙沟（今巩义市新中镇新中村）进行报复。根据对敌情和地形的分析，3 团制定了将计就计、关门打狗的作战计划，在琉璃庙沟两侧山梁上设下了伏击圈。

6 月 18 日深夜，日军两个中队，汜水县、荥阳县、巩县伪军 1000 多人在一名日军大队长的带领下，偷袭琉璃庙沟，钻进了八路军为他们布好的“口袋”，遭到八路军的痛击，日军大队长也被我迫击炮击毙在山神庙前。这次战斗，共歼灭日伪军 120 余人，极大鼓舞了巩县抗日根据地军民奋勇杀敌的士气。

伏山阻击战

1945 年 3 月 23 日，巩县抗日第六区民主政府在贺沟成立。因为是新建区，力量薄弱，离敌占区又近，巩汜边防指挥部张良贵调抗日崇仁大队第六中队，负责保卫六区把守伏山一带的边防。1945 年 5 月中旬，区长、中队长和指导员到涉村开会，留下副中队长傅群和分队长谷治、曹荣炎负责指挥。他们迅速把 2 个分队和六区区干队从贺沟移到伏山一带进入战斗防御，其他六区工作人员和当地群众也转移到安全地带。5 月 14 日黎明，日伪自卫团 200 多人分 3 路包围贺沟，向六区和六中队驻地侵犯射击。六中队和区干队居高临下，目标清楚，开枪射击。当敌方发现打的是“空城”，急忙爬坡仰攻时，六中队和六区区干部打排子枪，投手榴弹，狙击敌人。驻在小关的一中队听到枪声，立即从冯寨赶来增援。在越来越密集的阻击枪炮声中，日伪军只得抬着死伤人员溃退。战斗中六中队除分队长谷治牺牲外，别无损失。这是一区地方武装单独打的一次阻击胜仗。

伏山阻击战遗址　吴森　摄

抗日英雄曹永禄、曹西宾父子故里门楼

门楼位于杜沟村第十四村民组，占地面积 20 平方米。该门楼于 2015 年建成，保存完好，是巩义市重要革命遗址纪念设施之一。

曹永禄、曹西宾父子是小关镇人，均为中共党员。曹永禄早年即投身革命，参加八路军，1942 年 12 月回巩县开展抗日斗争，1944 年 10 月八路军豫西抗日先遣支队进入巩县后，曹家成为支队重要的工作联络点。曹西宾为曹永禄长子，1944 年在巩县遗爱中学上学时即组织童子军并任团长，开展抗日救亡活动，10 月带领多名同学参加八路军豫西抗日先遣支队。1945 年 9 月，抗日先遣支队撤离巩县，曹永禄、曹西宾奉命留下坚持工作，不幸被敌伪杀害。时年曹永禄 39 岁，曹西宾 19 岁。

小关镇抗日英雄曹永禄、曹西宾父子故里门楼 赵红光 摄

文物胜迹

截至2019年底，小关镇有巩义市级文物保护单位11处，其中口头仰韶文化遗址、嵩山八路军抗日工作站旧址、黑风寨、鹿耳寨4处同时为郑州市文物保护单位。

口头仰韶文化遗址

口头仰韶文化遗址位于口头村，地处口头河北岸，高出河床20米的台地上。口头遗址面积约1.5万平方米，在遗址地表、文化层及灰坑中保存有陶器残片、烧土块等遗迹、遗物，是一处新石器时代仰韶文化时期的聚落遗址。该遗址文化内涵丰富，文化堆积较厚，对于研究仰韶文化时期的文化面貌具有一定价值。2009年6月3日，口头遗址被郑州市人民政府列为第二批文物保护单位。

口头仰韶文化遗址 吴森 摄

黑风寨

黑风寨又名黑山寨。位于南岭新村，被列为老庙山古寨堡群。元时，义民结寨自卫而修筑。黑风寨保护基本完好，建于海拔 875 米的一座山岭上，山脊长 500 米。山寨有东寨门一个，寨门成拱形，两边过道有两耳房，全部由片石干砌而成，东寨墙长 300 米。山脊上有炮楼一座，四方形，四壁有瞭望台。黑风寨利用天险顺势筑成，以扼守关隘，抗御外敌，充分反映了当时社会历史军事现状，是一座天然军事寨堡博物馆。2007 年 12 月 18 日，被巩义市人民政府公布为第二批文物保护单位。2009 年 6 月 3 日，被郑州市人民政府列为第二批文物保护单位。

黑风寨　王保柱　摄

鹿耳寨

鹿耳寨位于南岭新村荻坡东 3000 米，被列为巩义老庙山古寨堡群。鹿耳寨建于元代，山峰起伏约 500 米，中有一寨门，高 3 米，宽 2.5 米。整个寨东西长 1500 米，南北宽 500 米。因以绝壁为寨墙，整个寨形状仿佛鹿耳，故称“鹿耳寨”。据《巩县志》（明嘉靖三十四年本，1555 年）记载：“鹿耳寨，在县东南赵封保，其峰峻绝，上有泓水，四面壁立，止有小径，可以避兵。”该古寨堡利用天险顺势筑成，以扼守关隘，抗御外敌。2007 年 12 月 18 日，被巩义市人民政府公布为第二批文物保护单位。2009 年 6 月 3 日，被郑州市人民政府列为第二批文物保护单位。

鹿耳寨　张良化　摄

伏山寨

伏山寨也叫佛山寨、平安寨，位于水道口村。东西长 500 米，南北宽 300 米，清代咸丰年间村民为避匪患而建。现存东寨门、西寨门，寨墙部分坍塌，残余 1000 米。寨墙宽 4 米，高 5 米，依山而建，高矮不一。寨西部、东部各有一方形石砌房基，中部有一建筑“文昌阁”基址，内有三块石碑，分别为康熙二十五年、乾隆、道光时重修碑。据《巩县志》（清乾隆十年本，1745 年）记载：“伏儿山在县东南三十里，山形孤峻，群峰拱揖，取杜诗‘诸峰罗列若儿孙’之句，故名。上建文昌阁、元帝庙。”2007 年 12 月 18 日，被巩义市人民政府列为第二批文物保护单位。

伏山寨 吴森 摄

荻坡齐天大圣庙　小关镇人民政府　供图

荻坡齐天大圣庙

荻坡齐天大圣庙又称悟空庙，位于南岭新村蝴蝶谷。面积 200 平方米，创建年代不详。据碑文记载，清道光二十三年（1843 年）重修。现存大殿、香炉、石碑。因当地地处深山，干旱少雨，传说孙悟空能呼风唤雨，村民特立此庙祈雨。庙内绘有齐天大圣孙悟空西天取经的故事。庙内东、西、南三面皆有民间艺人所绘的图画，以白、黑彩为主，保存基本完好。东侧墙壁上方彩绘“松下老猫富贵图”，下方彩绘“西天取经良（两）界山大战白元猴”，北东侧绘“金钱引进仙台”，北西侧绘“影日荷花□眼明”；西侧墙上方彩绘“福禄寿三星下景图”，下方彩绘“牛尔吊桥山唐生（僧）取经大战牛磨王”。该建筑保存基本完好，壁画色彩明艳，人物生动传神，具有一定的历史、文化、艺术价值。2007 年 12 月 18 日，被巩义市人民政府列为第二批文物保护单位。

汉光武帝左夫人墓　吴森　摄

汉光武帝左夫人墓

汉光武帝左夫人墓位于冯寨村。面积 100 平方米，地面仅存墓冢。红土杂以红色片石封土，墓冢高 4 米，边长约 10 米，呈二层阶梯状。下层西、北两侧土被取走，东南保持圆弧状，上部为圆形，直径约 5 米。据《巩县志》（明嘉靖三十四年）记载："夫人山，在县东南三十里，汉光武经此纳左氏夫人，后左氏终于此山，故名。"2007 年 12 月 18 日，被巩义市人民政府列为第二批文物保护单位。

古树名木

截至 2019 年，小关镇现存百年以上树龄古树名木 92 棵，其中千年以上树龄 22 棵，分布在辖区南部山村。主要有橿子栎、皂荚树、国槐、柏树、榆树、核桃树、山茱萸、青檀树、牛藤等。

开山榆

开山榆位于南岭新村应脑山坡，又名大果榉。它以顽强的生命力长在山崖石壁中，似有开山之势，故人称“开山榆”，树龄1000年。

开山榆　王向阳　摄

月洞柏

月洞柏位于郑沟村七组，长在村中一土台上，古柏挺拔苍翠，5 条树根裸露在外，并排形成层迭五道半月形洞门，故称月洞柏。主树干胸围 1.15 米，高 3 米，侧枝径围 1 米，树龄 1000 年。

月洞柏 张建军 摄

古橿林

古橿林位于大山怀村。凤凰台橿林中有一棵树龄1500年的古橿栎，周围繁衍大小古橿栎树60余棵，根部深扎岩中，树荫面积1000余平方米，枝繁叶茂。

山茱萸树

山茱萸树位于大山怀村。落叶灌木或小乔木，历史悠久。春季开花黄色，秋季果实成熟，呈椭圆形，核果鲜红，果肉是一种名贵中药材。树龄150年。

牛 藤

牛藤位于南岭新村虎脑里沟人头山下。牛藤树共有九条主藤，犹如九条小龙。柔长缠绕，枝蔓犹如仙女，藤蔓开着紫色花。人们俗称“九龙仙女藤”。树龄300余年。

古橿林 王向阳 摄

山茱萸树　郑红昌　摄

牛藤　郑红昌　摄

疙瘩白麻树

疙瘩白麻树位于大山怀村狼窝沟。白麻树只有半边树皮，树心残缺且疙瘩不平，人称“疙瘩白麻树”，树龄 300 年。

核桃王

核桃王位于南岭新村虎脑寺沟。该树长在石头山坡上的岩缝中，经风历雪，被称为巩义市核桃树之王，树龄 350 年。

疙瘩白麻树 郑红昌 摄

核桃王 邵保华 摄

罗汉橿

罗汉橿位于龙门村武家岭。这两棵相向生长的橿子栎树，犹如老僧相向而坐，促膝谈心。故名“罗汉橿”。树龄1500年。

镇山橿

镇山橿位于南岭新村虎脑山的一块大石上。巨石正中有一圆坑，宛如石盆，老橿树长在其中，树干长满石盆。故称镇山橿，树龄2000余年。

罗汉橿　王向阳　摄

镇山橿 南岭新村村委 供图

老街古槐

老街古槐位于小关村第四村民组。1958年大炼钢铁时，树头被伐烧制木炭，树干在村民的劝阻下得以保留，是小关古镇老街保存的唯一一棵古树，树龄500年。

桑 树

桑树位于武家岭界碑处，树龄200余年，胸围2米，高20余米，冠幅20米。树下有许多巨大光滑、奇形怪状的石头。

老街古槐 郑红昌 摄

桑树 王向阳 摄

皂荚树

皂荚树科属豆科皂荚，皂荚树上长有很多针刺，针刺是很好的药材。第一棵千年皂荚树位于龙门村十组，树龄1000年，胸围3米，高12米，裸露树根形似龙爪，当地人亦称该树为“龙角树”。第二棵位于龙门村八组，树龄600年，胸围3.8米，高8米。2019年4月，这两棵被定为郑州市古树名木，保护等级为一级。

千年皂荚树 王向阳 摄

皂荚树　邵保华　摄

风土民情

LOCAL RECORDS OF XIAOGUAN

土特名产

南岭核桃

南岭核桃产地在小关镇南岭新村。皮薄离瓤，手捏即破，肉厚味香，含油量高，既可食用，又可榨油，远近闻名。种植面积 3400 余亩，南岭新村是河南省优质核桃种植生产基地。

金银花

金银花产地在南岭新村。金银花白花，雪白无瑕，黄花，金灿耀目，花冠较厚，握之有顶手感，沏成茶水，芳香扑鼻，是清热解毒、散风热的上等佳品。种植面积 2000 余亩。

核桃熟了 张建军 摄

金银花 赵清丽 摄

山茱萸 邵保华 摄

山茱萸

山茱萸产地在大山怀村。别名山萸肉、药枣、枣片、石枣子，是一种名贵中药材。大山怀村地处山区，气候适宜，昼夜温差大，属微酸性砂质土壤，石缝里、山坡上、背阴处到处可见，质量上佳。

口头李子

口头李子产地在口头村、郑沟村、张家庄村、水道口村、段河村等地，面积曾达1000余亩。口头李子成熟时果皮白中带黄，轻捏离核不黏，酸甜可口，远近闻名，曾经供销社销往广州、香港等地。

口头李子　张水池　摄

生活习俗

婚姻习俗

提　亲　男女到了谈婚论嫁之时，双方了解对方家庭基本情况，媒人联系双方家长或男女青年牵线提议结亲。

相　亲　女方在媒人和家人陪同下到男方家中相看，然后媒人听取双方意见。

定　亲　也叫“过启”。婚配男女双方的父母选定吉日，交换男女庚帖，举行订婚仪式。

看好儿　选择吉日确定结婚的日子。双方父母根据男女的生辰“八字”，由算命先生测算合适的结婚日子，男方带着礼品和现金告知女方家庭，准备结婚事宜。

送　桌　婚前一天，男方由主事人拿红纸包扎一长条猪肉（称为礼肉，一般为10斤）

小关镇婚姻习俗之一　郑红昌提供　摄于 1992 年

小关镇婚姻习俗之二　邵保华　摄于 2013 年

和一壶酒送到女方家，主要是察看结婚车轿所走的道路，并与女方主事人商谈女方参加婚礼的人数、马匹花轿数目及其他细节事宜。

娶 亲 旧时娶亲一般是男骑马，女坐轿。新郎去时坐轿，回来骑马。娶客领路，放炮人手拿“花红盖之”纸条，遇见庙、堂、祠、观、大树、河沟撒之，以求逢凶化吉。新娘头戴凤冠，身着喜衣，肩披红纱、云肩，下系彩裙，由姐嫂将新娘送进花轿。轿后是陪送的嫁妆、食盒等礼品。

婚 礼 花轿抬到家门口，燃放鞭炮。送亲者入席吃饭。长辈向人群撒碎谷草、麦麸、花生、红枣、喜糖和喜钱，俗称“撒喜钱”。天地桌前，新婚夫妻在司仪指挥下，一拜天地，二拜高堂，夫妻对拜，进入洞房。新娘进洞房坐定，由搀扶人为其“上头”，即把原来的辫子解开，梳成馒头大小的发型，别上簪子。

生育习俗

儿子结婚，父母就盼着抱孙子，续香火。在小关有诸多生育习俗。

妊 娠 过去人们把怀孕，说成“有喜”“双身子”“身子笨”，也有人把“喜”字省去，说是“有了”，其含义是“有人传宗接代了”，有“指望”了，有“依靠”了，都是美好的期待。

生 产 产妇分娩，以前都是请村里接生婆，老法子接生。20 世纪 80 年代后，产妇到乡卫生院或者到巩义市区医院生产。

酬 谢 婴儿出生后，要给接生婆做面条吃。冬季，面条常配红萝卜，夏季，则配以红辣椒，以示吉利。饭后给接生婆一块一尺见方的红粗布，内包谢礼钱。

忌生人 产妇生产后，家人要在门头挂一小块红布，以示家有产妇，禁忌生人入内。9 天以后不再禁忌。

报 喜 婴儿出生第三天，初为人父者须给婴儿外婆家报喜，生男孩报大喜，生女孩报小喜，第二胎仍须报喜。生男孩说是“茶壶嘴”，生女孩说是“大油糕”。

过去去外婆家报喜需带一块长条形的猪肉。随着生活水平提高报喜者除带肉带酒，还要带其他礼物。

瞧五官 婴儿出生第五天，外婆要去探望。用红提兜装着红色鸡蛋和红糖送去。婴儿 9 天以后，近亲送米面、蔬菜，不限多少。

做 九 婴儿出生 9 天以后，宴请亲朋好友，共同庆贺称为“做九”，也叫“吃喜面”“吃面条”。后来多改为“做满月”，即婴儿满月以后请客。外婆家送去婴儿的衣服、兜肚、鞋、帽和银项圈等物品。外婆来到时，奶奶要将婴儿抱出交给外婆再抱回室内。

住娘家 产妇未过满月，不能到别人家串门。产妇满月以后，娘家要接女儿和外孙去住几天，叫“挪臊窝”。临行时，要给婴儿双眉间点胭脂红点，再用锅底灰在红点旁边点黑点，“黑狗去，白狗回”，回来外婆家要给婴儿额头抹白面，寓意为平安。

岁时节俗

小关镇传统节日，历史悠久，源远流长。随着时代发展和社会进步，许多传统节日作为优秀民族文化的重要载体，被赋予新的时代内涵得到传承与弘扬。

春 节

农历正月初一，俗称春节，是一年之中最隆重的传统节日。春节五更，家家户户有燃柏枝，消病、辟邪、除灾旧俗。鞭炮带来喜庆欢乐，平添“年味”。从 2017 年开始，为减少环境污染，保障社会公共安全和人身财产安全，河南省、郑州市和巩义市下发《禁止燃放烟花爆竹规定》，先在市中心城区和机关、单位、企业开展春节禁售禁放烟花爆竹。2020 年春节，农村全面禁止燃放烟花爆竹，燃柏枝之习也禁止。

元宵节

正月十五为“元宵节”，也叫“灯节”，是春节后的第一个重要节日。看灯展、猜灯谜是元宵节当天傍晚的活动。

二月二

“二月二，龙抬头。”二月二当天，小关有吃炒豆、玉米花的习俗。人们也喜欢把搬家日子选到这一天。

小关镇春节文艺展演之一　张萌阳　摄

小关镇春节文艺展演之二　张萌阳　摄

小关镇南岭新村春节社火　张耀宗　摄

清明节

4 月 5 日前后是清明节，人们携子带孙到祖坟上添土、挂纸，祭奠亡故亲人。

端午节

农历五月初五，又称端阳节。当天一早，家人给小孩手脖、脚脖佩戴五色线，肚子上戴“五毒兜”，身上佩戴香草布袋。当天吃粽子、门上插艾蒿、熏苍术。五彩线象征五色龙，系之可以降妖除怪。香包除了装雄黄、苍术外，还要装香草配成的香料，戴在身上起驱虫除秽的作用。将现采的艾蒿插在门上，驱虫避邪，以保安康。小孩子戴“五毒兜”，上有绣织的五毒图（蛇、蝎、蜈蚣、壁虎、蟾蜍），寓意以毒攻毒，保佑健康。

中秋节

农历八月十五是中秋节。小关地区有祭月、拜月、赏月习俗。人们在院子里摆月饼和石榴、花生等果品，合家围坐赏月。

重阳节

农历九月初九是重阳节。这天民间有登高、赏菊花习俗。进入 21 世纪，又拓展称“老人节”，节日当天小关镇举办各种活动，弘扬“敬老孝亲”的传统美德。

小关镇楼子沟村“九九重阳节”孝老爱亲活动　张艳艳　摄

冬 至

冬至是“交九”的第一天，从此日起，便进入数九寒天了，也是全年日照最短的一天。人们有吃饺子的习俗。

腊 八

农历十二月（俗称腊月）初八，人们要喝“腊八粥”（用八种不同的食材，如大米、红豆、绿豆、小米、花生、红枣、葡萄干、柿饼等做成稠饭）。俗话说：“吃罢腊八饭，就把春节盼。”

方言土语

时间类		动作类	
方言	普通话	方言	普通话
多早晚儿	什么时候	低脑	头
镇早晚儿	现在	心门头儿	前额
才姜	刚才	鼻窟窿儿	鼻孔
今个儿	今天	仰白脚儿	仰卧
明个儿	明天	脸圪腮	腮帮
夜个儿	昨天	骨堆	蹲
后音儿	后天	肩莫头	肩膀
往音儿	以前	不老盖儿	膝盖
年嗦	去年	赤巴脚	光着脚
约迟会儿	稍等一会儿		
动物类		**其他**	
方言	普通话	方言	普通话
眼鳖虎儿	蝙蝠	糟刺	批评
瞎土焦	猫头鹰	茅子	厕所

续表

动物类		其他	
方言	普通话	方言	普通话
小虫儿	麻雀	打渣子	开玩笑
叼树皮	啄木鸟	里仡崂儿	窑脑
麦罢刚锄	布谷鸟	嗲	下边
长虫	蛇	可叉燕	燕子
砍刀	螳螂	轻式	撒娇
粗促	蟋蟀	待见	喜爱
曲卷	蚯蚓	踢腾	捣乱
毛圪哩儿	松鼠	吃家使	挨训斥
皮子	狐狸	厮跟	同行
水鸡儿	青蛙	扁食	饺子

麻雀 王向阳 摄

螳螂 王向阳 摄

农 谚

麦收八（月）十（月）三（月）场雨。

麦盖三场被，枕着油馍睡。

秋分早，霜降迟，寒露耩麦正当时。

三分种七分管，十分收成才保险。

种地不上粪，等于瞎胡混。

地是黄金板，人勤地不懒。

人误地一时，地误人一季。

只有懒人，没有懒地。

春争日，夏争时，五黄六月争回楼。

气象谚语

蚂蚁搬家，雨水哗哗。

黑云接太阳，等不到明后晌。

立夏不下，犁耙高挂。

久旱西风雨，久涝东风晴。

早上朵朵云，中午晒死人。

八月十五云遮月，正月十六下大雪。

九月九不下等十三，十三不下一冬干。

秋后呼雷发，大旱一百八。

日落黑云起，半夜下大雨。

东风下雨西风晴，一刮南风下不成。

燕子低，泥鳅跳，鸡不宿窝是雨兆。

造林谚语

山上无树坡无草，一遇大雨土冲跑。

山上多栽树，等于修水库。

家有百棵树，不愁吃和住。

一年之计，不如种谷，十年之计，不如栽树。

人留子孙草留根，山上无树不养人。

立春早清明迟，春分栽树最适时。

经商谚语

和气生财，生意不成人情在。

笑脸迎客客千万，黑丧着脸客户断。

经商三件宝，货真价实，态度好。

一分利吃饱饭，十分利饿死人。

买卖讲公道，顾客做广告。

秤杆是人心，不可糊弄人。

货比三家心有底，购物要买回头货。

健康谚语

饭吃八成，肚子安宁。

春捂秋冻，人不生病。

饥不寒食，渴不冷饮。

冬吃萝卜夏吃姜，不找医生开药方。

孝贤谚语

儿不嫌娘丑，狗不嫌家穷。

宠子如害子，严管出孝子。

贤孝子，百人相助；无义郎，千夫所指。

山高不遮太阳，儿大不压爹娘。

学会本领不压身，学会赌博臭三村。

过日子不节约，等于买口无底锅。

无事常思自己过，闲谈莫论他人非。

良药苦口利于病，忠言逆耳利于行。

退一步天高地阔，让三分心平气和。

名人与名镇

曹永禄

1907 年 6 月—1945 年 9 月，男，化名寿卿，中共党员，小关镇杜沟村曹沟人。1938 年 6 月，赴太行山找到八路军皮定均部投身革命。1942 年 12 月，奉命回巩县、广武、汜水、荥阳一带发展地方抗日武装，很快便拉起 70 多人的队伍。卖掉自家部分土地，修枪、造枪、买枪，解决部队武器缺乏问题。1944 年 10 月，皮部进驻巩县后，曹永禄任 19 支队一连连长，其家成为部队首长和巩县抗日政权领导经常落脚开会办公的地方。八路军豫西抗日先遣支队撤离巩县，曹永禄奉命留下坚持工作，不幸被敌伪杀害。

孙克明

1919—1949 年，陕西西安人，原国民党 38 军副连长、共产党员。1944 年 1—4 月，他带兵在口头村驻防期间积极开展地下革命活动，结识倾向抗日、办事干练的口头保队副张良贵。5 月，国民党 38 军向洛宁撤退时，孙克明隐藏 40 箱子弹，北渡黄河上太行山参加八路军。6 月，孙克明被派回巩县，建立地下党组织，发展抗日队伍，开展抗粮、截粮、保粮斗争，施巧计夺取伪崇仁乡治安大队警卫班 12 支枪。解散日伪“崇仁乡维持会”，成立巩县抗日第一区民主政府，孙克明任副区长。组建抗日崇仁大队，参加伏山阻击战、琉璃庙沟伏击战，攻克高山、竹川寨等战斗。多次组织区干队到汜水、荥阳一带割电线、毁铁路、攻炮楼，积极发展党员、成立农会等，为开辟发展壮大巩县抗日根据地做出重要贡献。

1949 年元月，孙克明任中国人民解放军十三纵队某部团参谋，3 月，参加解放太原战役，不幸牺牲，年仅 30 岁。

连奎升

1931—2010 年，男，小关冯寨人，中共党员。郑州市大峪沟矿务局原局长。1956 年任上庄煤矿矿长。1960 年后，他率领技术攻关小组，历时 13 年创造“恒底再生分层采煤法”。1975 年，煤矿产量由建矿初期的 1 万吨增到 65 万吨。上庄煤矿被河南省煤炭厅授予“大庆式企业”称号，被国家煤炭部授予全国煤炭战线“十面红旗”之一。

1981年，任大峪沟煤矿矿长，当年就使企业扭亏为盈，实现利润70.5万元。1989年，大峪沟煤矿产量突破100万吨大关，成为全省地方煤矿产量最高的煤炭生产企业。他荣获第二届中国煤炭工业优秀矿长称号，被评为全国能源工业劳动模范，河南省“十佳”矿长。

曹永禄　小关镇人民政府　供图

烈士名录

曹永禄　男，杜沟村曹沟人，1907年生，化名寿卿，中共党员。1938年6月参加太行山八路军，任一二九师特务团19连连长。1945年9月16日，牺牲于小关东河。

曹西宾　男，小关杜沟人（曹永禄之子）。1926年10月生。1944年10月，参加革命并加入中国共产党。为19支队战士，巩县抗日第一区区委政治宣传员。1945年9月，八路军豫西抗日先遣支队南下后，被叛徒出卖，在小关大山怀牺牲。

赵　中　男，小关口头人，生于1902年，1944年10月参加革命，任巩县抗日第一区区干队队长。1945年9月，皮部南下时被敌伪乡团抓捕，遇害于巩县米河支锅石沟。

李经森　男，小关段河人，1907年4月生。1944年10月参加革命，任巩县抗日第五区区干队通讯员。1945年1月，牺牲于巩县鳌岭。

张光耀　男，小关段河人，1907年生。1944年9月，参加八路军豫西抗日先遣支队，为5中队战士。1945年6月在琉璃庙沟战斗中牺牲。

曹西宾　小关镇人民政府　供图

李　宗　男，小关杜沟人，1910 年生。1944 年参加革命，为八路军豫西抗日先遣支队 2 团战士，1945 年牺牲。

曹　斗　男，小关冯寨人，生于 1915 年。1944 年 9 月参加革命，为八路军豫西抗日先遣支队 1 中队战士。1945 年 4 月牺牲于荥阳马固岭。

谷　治　男，小关口头人，生于 1916 年 2 月。1945 年参加八路军豫西抗日先遣支队，任 5 中队班长。1945 年 4 月，在水道口佛山阻击日伪军战斗中牺牲。

程德龙　男，小关杜沟人，生于 1918 年 7 月。1944 年 11 月参加革命，为八路军豫西抗日先遣支队战士。1945 年 10 月，牺牲于大别山区。

吴光德　男，小关段河人，生于 1919 年。1944 年 10 月参加革命，为八路军豫西抗日先遣支队 5 中队战士。1945 年 6 月，在琉璃庙沟之战中牺牲。

李　占　男，小关龙门人，生于 1920 年。1946 年参加革命，抗美援朝战争中，为中国人民志愿军炮兵 40 团后勤弹药队战士。1953 年 2 月，牺牲于朝鲜长丰郡库旺洞。

冯公钦　男，小关冯寨人，生于 1921 年。1944 年 10 月参加革命，任八路军嵩山专员公署通讯员。1945 年 10 月牺牲于大别山区。

杜青山　男，小关村人，1922 年生。1948 年 10 月参军入伍，为中国人民解放军 1 纵 1 旅 2 团战士。1948 年冬牺牲于商丘县。

张改正　男，小关楼子沟人，生于 1922 年。1945 年参加八路军豫西抗日先遣支队，为 3 团 2 营 5 连战士。1947 年牺牲于正阳县。

张全忠　男，小关楼子沟人，生于 1922 年。1944 年 10 月参加革命，为八路军豫西抗日先遣支队战士。1945 年 4 月牺牲于荥阳金谷堆。

张茂有　男，小关楼子沟人，生于 1920 年。1944 年参加革命，任农会主席。1945 年 4 月牺牲于荥阳金谷堆。

郅　占　男，小关龙门人，1924 年生。1944 年 10 月，参加八路军豫西抗日先遣支队为战士。1945 年 9 月，在随部队南下途中失踪，1961 年被追认为革命烈士。

孙光银　男，小关南岭新村人，1925 年生。1944 年 10 月参加革命，为八路军豫西抗日先遣支队 7 中队战士。1945 年牺牲于登封白栗坪。

张　有　男，小关南岭新村人，1925 年生。1945 年参加革命，为中国人民解放军 13 纵 37 旅 20 团 4 连战士。1948 年牺牲于山西临汾。

王德富　男，小关村人，1925 年生。1945 年 8 月参加革命，为八路军豫西抗日先遣支队 3 团 7 营 5 连战士。1946 年牺牲于汝南县。

杜富治 男，小关段河人，1925 年生。1945 年 4 月参加革命，为八路军豫西抗日先遣支队战士。1945 年 10 月，牺牲于大别山区。

张文庆 男，小关水道口人，1926 年生。1948 年 10 月，参军入伍，中共党员。抗美援朝战争中为中国人民志愿军 132 团警卫连战士。1952 年 6 月，牺牲于朝鲜江原道平康郡。

丁秀德 男，小关杜沟人，1926 年生。1948 年 3 月，参军入伍为中国人民解放军第二野战军后勤部战士。1949 年 10 月，牺牲于南京市。

张　全 男，小关楼子沟人，1926 年生。1945 年参加八路军豫西抗日先遣支队，为司令部战士。1945 年 5 月，牺牲于临汝县。

王　保 男，小关大山怀人，1926 年 2 月生。1944 年 9 月参加革命，任八路军豫西抗日先遣支队 3 团 2 营 5 连班长。1945 年 12 月，牺牲于大别山区。

杜发有 男，小关杜沟人，1930 年生。1949 年参加中国人民志愿军赴朝作战。1952 年牺牲于朝鲜上甘岭。

曹炎荣 男，小关杜沟人，1926 年 8 月生。1944 年参加革命，任解放军 117 师 529 团 3 营通讯员。1951 年 7 月，牺牲于陕西省扶风县居乐镇长马村。

张玉学 男，小关口头人，1927 年 6 月生。1944 年 10 月参加革命，八路军豫西抗日先遣支队战士。1946 年 5 月，牺牲于湖北省应山县。

张富德 男，小关口头人，生年不详。1944 年参加八路军豫西抗日先遣支队，为 10 中队战士。1945 年 6 月，在琉璃庙沟之战中牺牲。

李启明 男，小关村人，1914 年 3 月出生。1945 年 9 月参加八路军豫西抗日先遣支队为战士。1945 年 12 月，牺牲于正阳县。

张　卓 男，小关张家庄人，1923 年 1 月出生。1944 年参加八路军豫西抗日先遣支队任工作员。1945 年牺牲，地址不明。1960 年 5 月被追认为革命烈士。

赵堂均 男，小关冯寨人，生年不详。1948 年参加中国人民志愿军赴朝作战，任志愿军 45 师 135 团 3 营 5 连副连长。1952 年 10 月牺牲于朝鲜上甘岭。

王留成 男，小关口头人，生年不详。1945 年参加八路军豫西抗日先遣支队为战士。1946 年 10 月牺牲，地址不明。1961 年 1 月被追认为革命烈士。

李全有 男，小关龙门人，1926 年 10 月出生。1945 年 7 月参加革命，任陕西军区安康独立团排长。1950年失踪，1979年被追认为革命烈士。

刘喜发 男，小关口头人，1931年1月生。1951年1月参加革命，中共党员，任郑州市公安局警察班长。1963年牺牲于郑州市。

张新安 男，小关口头人，生于1959年10月。1979年1月参军入伍，为解放军33762部队战士。1979年2月在对越自卫反击战中牺牲于越南某地。

郅振令 男，小关南岭新村人，出生于1972年。1990年参加革命，为巩义市公安局小关派出所民警。1996年1月，在抓捕罪犯时牺牲于小关黄鹭坡湾。

大事记

LOCAL RECORDS OF XIAOGUAN

1944 年 6 月，嵩山八路军抗日工作站在小关口头水泉沟建立。

1948 年 4 月，小关地区解放。

1957 年 3 月，巩县小关区成立。

1959 年 1 月，中共小关人民公社第一次代表大会召开。

1963 年 9 月，郑州市上街区小关人民公社第五届人民代表大会召开。

1969 年，小关公社耐火材料厂在口头建成。

1969 年 5 月，小关人民公社“五七”高中成立。

1971 年 12 月，中共小关人民公社第二次代表大会召开。

1973 年，小关煤矿建成投产。

1977 年 9 月，小关人民公社迁至小关村前纸坊。

1981 年 5 月，小关人民公社第六届人民代表大会召开。

1981 年 8 月，中共小关人民公社第三次代表大会召开。

1984 年 5 月，小关乡第七届人民代表大会召开。

1985 年 7 月，河南省水泥工业公司水泥厂建成。

1987 年 4 月，小关乡第八届人民代表大会召开。

1990 年 3 月，小关乡第九届人民代表大会召开。

1990 年 10 月，小关撤乡建镇。

1992 年 3 月，河南中州企业集团成立。

1992 年 5 月，中国共产党小关镇第一次代表大会召开。

1992 年 8 月，巩义市第五高级中学成立。

1993 年 3 月，小关镇第一届人民代表大会召开。

1993 年 11 月，实施小关河道首期治理工程。

1993 年，小关镇获得“全国乡镇企业先进单位”称号。

1994 年 11 月，竹林村从小关镇分出建立竹林镇。

1995 年 8 月，中国共产党小关镇第二次代表大会召开。

1995 年 10 月，小关镇被河南省建设厅命名为中州名镇。

1995 年 11 月，实施小关河道二期治理工程。

1995 年，郑州华强现代建筑材料有限公司建成。

1995 年，小关镇获得“河南省发展乡镇企业先进乡镇”称号。

1995 年，小关镇被国家建设部确定为全国小城镇建设试点镇。

1995 年，小关镇被国家民政部授予“中国乡镇之星”称号。

1996 年，小关镇被国家建设部评为全国城镇建设先进镇。

1996 年 3 月，小关镇第二届人民代表大会召开。

1996 年 8—12 月，全镇干群参加南山公路修建大会战。

1996 年 11 月，实施小关河道三期治理工程。

1997 年，郑州枫林无纺科技有限公司建成。

1998 年 4 月，中国共产党小关镇第三届代表大会召开。

1999 年 3 月，小关镇第三届人民代表大会召开。

2000 年，河南豫州企业集团成立。

2001 年，小关镇被河南省爱国卫生运动委员会评为河南省卫生镇。

2002 年 4 月，中国共产党小关镇第四次代表大会召开。

2002 年 4 月，小关镇第四届人民代表大会召开。

2003 年，小关镇被全国爱国卫生运动委员会评为国家级卫生镇。

2005 年，小关镇被国家民政部评为中国乡镇之星。

2006 年 3 月，中国共产党小关镇第五次代表大会召开。

2007 年 1 月，小关镇第五届人民代表大会召开。

2007 年，小关镇被河南省文明委员会评为河南省文明镇。

2007 年，小关镇被中共河南省委组织部评为全省“五个好”乡镇党委。

2009 年 1 月，小关镇被中央精神文明建设指导委员会评为全国创建文明村镇工作先进镇。

2010 年，郑州市中州铝业有限公司成立。

2011 年 4 月，中国共产党小关镇第六次代表大会召开。

2011 年 10 月，小关镇被中华人民共和国环境保护部评为国家级生态镇。

2012 年 4 月，小关镇第六届人民代表大会召开。

2012 年 6 月，中共小关镇党委被中共河南省委评为 2010—2012 年全省创先争优先进基层党组织。

2012 年 12 月，“小关镇实施‘一定两评三补’积极创新基层组织建设体制机制”被评为郑州市社会科学优秀成果二等奖。

南岭风光 邵保华 摄

2013年1月，小关镇创新《实施“一定两评三补”建立村级组织经费保障机制》入选第二届全国基层党建创新案例最佳案例。

2013年8月，小关镇中心幼儿园建成开园。

2013年8月，郑州凤凰科技有限公司建成投产。

2013年8月，小关供销大厦建成。

2013年9月，小关镇举办首届“魅力小关”摄影大赛。

2014年，小关镇被国家住房和城乡建设部评为国家园林城镇。

2014年，中建七局建筑工业化巩义生产基地建成。

2015年2月，小关镇被中央精神文明建设指导委员会评为全国文明村镇。

2016年，小关镇被中国营销学会、中国（深圳）国际旅游博览会组委会、中国投资论坛组委会评为中国最美乡村休闲旅游名镇。

2016年5月，中国共产党小关镇第七次代表大会召开。

2017年3月，小关镇第七届人民代表大会召开。

2017年6月，小关镇第二届“魅力小关”摄影赛颁奖暨丰华台农业体验园开园仪式在丰门沟文化广场举行。

2018年2月27日，小关镇新春文艺汇演大型活动在镇区亚文化中心广场举行

2018年12月，小关镇13个村均成立农村集体经济合作社。

2019年3月，巩义市首届“裕花谷”山茱萸花节踏春活动，在辖区大山怀村举行。

2019年9月23日，巩义市2019年“中国农民丰收节——在希望的田野上”在小关镇丰门沟村举办。

山乡花开　王向阳　摄

口述史

豫州集团河南省水泥工业公司水泥厂发展记忆

口述：杜葆华

整理：赵红光

1970年4月，小关乡党委、政府依托本乡南山蕴藏大量石灰岩等资源，在龙门村建成了乡办第一水泥厂，也是巩县第一个乡办水泥厂。当时有1台球磨机、2个地蛋窑，职工60余人。年产普通矿渣硅酸盐水泥750吨，产值5.8万元。

1976年6月，该厂迁至镇区郑洛公路南现嵩山大酒店处。球磨机增至3台，地蛋窑增至9个。1977年在上海同济大学教授和郑州市政水泥厂工程师的帮助下，研制生产

20世纪90年代水泥厂回旋窑生产线 小关镇人民政府 供图

525 号超早强水泥，填补了国家建筑材料的空白。1982 年底职工 110 人，固定资产 54 万元，产量 7300 吨。

1983 年初，小关乡党委、政府决定选址新建巩县第二水泥厂（小关乡第二水泥厂），由我任厂长兼支部书记负责筹建。厂址位于口头村八组，占地 16 万平方米。在乡党委、政府统一指导下，计划新建一座 $\phi2.7\times10$ 米机立窑，年产 8.8 万吨 425 号普通硅酸盐水泥的水泥厂，经报县主管部门批准，当年 7 月破土动工，于 1985 年 9 月投产，总投资 400 余万元。

1985 年 11 月，与河南省水泥工业公司达成横向联合协议，巩县第二水泥厂更名为河南省水泥工业公司水泥厂，省水泥工业公司在资金和技术上给予支持。1986 年初，我们投资 1200 万元，在原生产线中间地带扩建了第二条规格 $\phi2.7\times10$ 米机立窑、年产 8.8 万吨的生产线，并于 11 月底试生产，实现了当年建设、当年投产的目标，水泥年产量达到近 18 万吨。我们在生产中严把质量关，425 号产品达到两个 100%（即出厂合格率 100%，富裕标号 100%），降低电耗、煤耗和物料消耗，达到国内同行业先进水平。

1987 年初，我们聘请洛阳铁门水泥厂高级工程师赵树屏等共同外出考察论证，决定投资 1 亿元，从兰州永登引进湿法生产工艺，新上 $\phi3.3$ 米、长 118 米的湿法大型回转窑生产线。1988 年 4 月动工，1989 年 9 月 20 日建成投产，设计年产 18 万吨，实际最高年产量达 20 万吨。产品有“豫州”牌硅酸盐 525 号水泥、普通 425 号水泥、早强水泥和适应油井、道路、大坝使用的其他水泥。1990 年后，公司年产量达 40 万吨，年总产值达 8000 万元，纳税达 400 万元。职工 1300 多人，各类技术人员 130 人，固定资产总值 1 亿元。同时，也带动了采矿、运输等相关第三产业的发展。每年需用石灰石 60 余万吨，红土 2 万吨，煤 12 万吨，铁矿粉 8000 吨。小关、大峪沟、新中、米河等乡镇的大小拖拉机、各类运输车 300 余辆参与其中，带动村民增加收入。

1989 年 7 月，经河南省深化企业改革领导小组和河南省体改委批准，我们和河南省租赁公司、河南省水泥工业公司合资成立河南豫州水泥有限公司。2000 年，经省人民政府批准成立豫州企业集团，随后又相继建成了河南铝业碳素厂、豫州有限公司造纸厂、郑州姿华日化厂等企业。

质量是企业的生命。我们建成建筑面积 1600 平方米的质检化验楼，设立质检科，配备 62 名化验质检员，修订完善管理制度，质量稳定提高。豫州牌 425 号、525 号水泥获得省优或部优产品。我们在省内外设立办事处，客户达 330 多家。水泥畅销郑沪洛，誉满京津沪，还出口越南、缅甸、老挝等。产品曾用于北京亚运会工程、国家建设部工程、外交部建设工程、昆仑饭店、上海轻工业总局工程、中国轴承公司工程、河南省地方铁路局工程、郑州四桥一路工程、新郑机场、深圳大厦等国家及省、市重点工程。1990 年 10 月，第十一届北京亚运会工程总指挥部赠给河南省水泥工业公司小关水泥厂“支持亚运 无私奉献”锦旗。

20 世纪 80、90 年代，我们小关乡的水泥生产作为主导产业之一，安排了大量劳动力就业，促进了经济社会发展，这都是全面贯彻落实党的改革开放政策的结果。作为一名当年乡镇企业发展的参与者、见证者，我十分感谢党的好政策，感谢各级党委政府对企业发展的大力关心支持。

小关道路畅通给百姓带来福祉

口述：吴芝茂

整理：赵红光

我叫吴芝茂，今年 63 岁，中共党员。1976 年参加工作，在小关镇政府工作了 41 年，2017 年退休。我一直参与城建工作，亲身经历了小关农村道路建设过程。

我家住在镇北部水道口村。1973 年，我在镇区上高中，离家 4 公里，当时走的路都是狭窄土路，村民运东西都是人担肩扛，架子车拉。1976 年，我到小关公社工作，当时到南山荻坡、虎脑、杨树洼三个大队检查工作，都是步行走山脊梁路，早上去得半天，临近中午到村，晚上回到机关天已擦黑。遇到大雪天，山路被雪封，山上的人下不来，山下的人上不去。因为道路不通，山区村经济长期落后，群众生活贫困。

20 世纪 70、80 年代，在公社的支持下，当时荻坡、虎脑、杨树洼三个大队历经多次人工扩修南山路，此路才能通架子车和小拖拉机。1996 年，镇政府组织开展南山道路万人修筑大会战，各村分段落实任务，参战干部群众早出晚归，自带干粮茶水，炸山填沟、垒砌石墙，历时五个月全线建成通车。2004 年 9 月，巩义市将杨涉路纳入县道规划建设和改造升级，到 2005 年 5 月，全线 21 公里通上水泥路。

2006 年后，省、市提出实施村村通、组组通、户户通水泥道路工程要求，采取村、镇、

南山旅游路　王向阳　摄

市逐级向省里申报计划，审定列入计划后，由镇里组织招投标和施工，资金由省、郑州市、巩义市三级匹配，不足部分由镇政府承担。2012 年和 2013 年为修路年，镇里制定了奖补政策，激励各村多修路多得奖。此后，各村连年修路不断。镇里在加强道路工程质量监理的同时，每条道路各村还聘请老党员当义务监督员把质量关。小关镇近年来在全市修的路最多、质量最高、密度最大。

小关镇修路，坚持建养并重，注重道路的美化、亮化、绿化、净化。如杨涉路、南山旅游通道、口张路、冯张路、口杜路和龙泉大道等绿化美化都做得很好，并安装了道路指示牌、护栏、路灯，修建排水沟，建立公路养护责任制，环卫队员分路段保洁，修剪绿化带，形成了一条路一景观。

目前，全镇已建成道路网络，村与村道路连通，与国道、省道、县道相接，不走回头路，实现了村村通、户户通，群众出行、游客交通十分便利。以前南山群众到镇区赶集只能步行，来回一趟需要半天时间，现在骑车或开车一个小时就能跑个来回；群众有急病联系急救车很快就到门前。以前山上群众建房子买一块砖、烧火买一块煤球价格要比山下高出 30%，现在运费明显降低；以前南岭村干果土特产品因运不出去烂掉，现在可就地销售，或及时到集市销售，还有外地人驾车现场采摘，不少贫困户由此脱贫致富。

我见证小关教育事业蓬勃发展

口述：张林森

整理：张现亭

我叫张林森，今年91岁，退休教师，家住巩义市小关镇大山怀村。

我9岁时，因为家里穷，爷爷想着得有个读书人撑门面，就决定全家供我一个人上学。我上的私塾离家较远，走的是崎岖不平的小路，教室是一孔半石券窑洞，学童们用长木板当书桌，坐的是石墩和木墩。没有统一教材，头两年跟老师学背四书五经，第三年开始学毛笔字和打算盘。慢慢地，我就成了村里的“识字人”。

23岁的时候，我开始在杜沟村当老师。那时教室是草房，课桌是学生家长各自扛来的，有八仙桌、长条桌，凳子也都是学生自带，感觉很凑合。

到我送儿子上初中的时候，学校条件已经改善，有了两栋三层木门窗的教学楼。宿舍楼用塑料布遮挡窗户，室内墙壁都是毛坯，学生睡大通铺，二三十人一个宿舍，10位教师挤在一个房间办公。操场地面没有硬化，露着黄土，学校伙房是一间瓦房，学生买饭、吃饭都是露天。

十多年前，我去过一次龙门小学，看到校舍仍很破旧，教学楼是上世纪八十年代建的，教师宿舍是五十年代建的红瓦房，伙房是用原来企业车间改的，当时心里很不是滋味。后来，巩义市二职专学校迁走，镇里挖掉山头，畅通道路，将龙门小学移址在这里，建成了全市农村最好的寄宿学校。我路过时，专门进去看了一下，学校面貌的确发生了巨变。教学楼彻底加固改新，学生寝室加盖两层，室内装上空调，通了热水，新建了三层的餐厅和报告厅。校园硬化，植上草坪，建成标准足球场，听说这在巩义还是首例。

我从在镇初中教学的一个亲戚那里得知，近十年镇初中也大变样了。镇里抓住高中布局调整的机会，对移交给小关镇初中的原巩义市第五高中校舍升级改造，设施设备更新，室内安装空调，有了“十景”“八点”的校园文化，新建36套教师周转房和供师生洗澡的浴池，彻底改变了以前镇初中办学条件差的窘境。

去年春节，镇教研中心领导慰问老教师，向我介绍，镇里近10年先后新建了中心幼儿园、张家庄小学，改扩建了镇初中、龙门小学、口头小学、中心小学和镇东幼儿园，给农村学生提供了与城市一样的教学条件，连续多年被评为巩义市义务教育均衡发展先进镇。全镇

龙门小学　郑红昌　摄

有 6 名学生考入清华、北大，考上二本以上人数逐年攀升，中小学教学质量有了明显提升。

我见证了小关教育事业近 80 年的发展历程，尤其是近 10 余年的飞速发展，作为一名老教师，感到由衷高兴和自豪。

过去吃水贵如油　如今吃水自来流

口述：李国振

整理：岳康焕

我叫李国振，今年 61 岁，家住小关镇南岭新村。1995 年前，俺这村还是荻坡、虎脑、杨树洼三个行政村。1996 年三村合并一个村，定名南岭新村。

南岭新村自古以来就是山高路难行，严重缺水，吃水贵如油。多数村民吃水要翻山越岭往返 10 余里，到虎脑、宁脑、杨树洼和蝴蝶谷几处水泉里挑水吃。遇到天旱时，人们排队下泉用碗刮混沌的水，有人凌晨三四点起来去挑水。1968 年，荻坡大队组织群众打井，历时两年打了 100 多米深也没见水。1973—1976 年，修砌翻水泉至蝴蝶山引水渠 5000 余米，修建杨树洼至荻坡引水渠 4000 多米，最终都因水源不足水渠废弃。1991 年，又请来省里钻井队钻井 400 余米，结果仍是干井。1998 年，由政府补贴资金实施屋顶接水工程，家家户户垒砌水囤储雨水，初步缓解了人畜吃水难问题。

南岭新村双龙塘　袁海昌　摄

2002年2月，镇党委决定让我回村担任村党总支书记，村两委下决心要解决南岭群众吃水难问题。

2005年，在镇党委、政府支持下，村两委聘请省市专家实地勘察，确定在虎脑里沟建塘坝蓄水。当时村里很穷，我联系了3个工程队，他们都怕干成后俺村付不了工钱而拒绝。面对困难，我们充分发挥党员干部带头作用，我带头拿出10万元，购买原材料用于工程启动。当时为节省资金，工程所需简易设备只要党员干部家里有都无代价服务。经过艰苦奋斗，先后新修500米施工道路，架低压线路500米，垒砌石方3600立方米。2017年11月，双龙塘建成。随后，多方筹资在荻坡建成1000立方米的蓄水池，铺设管道2300米，把水引到严重缺水的荻坡片区，让群众用上自来水。当时村民那高兴劲儿就不用提了。

2015年，村两委决定在蝴蝶谷底，利用充足泉水再建一个大型塘坝。鉴于山高谷深、环境极差的地理条件，我们与施工队一起想办法，采取钢丝索道运输机械进谷，用挖出的石头垒砌，在山顶搅拌好混凝土后用溜煤槽靠落差流到谷底坝基处，解决了难题。2017年6月建成了龙王潭坝，接着配套建成280米扬程的提灌站，建1000立方米蓄水池一座，空架管道680米、铺埋管道1300米，将水提到牛家寨蓄水池，与观景台水池并网供水，彻底解决了荻坡片区用水难问题。目前，全村已修建塘坝9座，总蓄水量为40余万立方米，建蓄水池11个，通过配套联网，南岭人民用水难问题得到了彻底解决。

如今的南岭新村，不但家家户户吃上了梦寐以求的自来水，还向邻村群众供水。加上俺村道路网络形成，旅游发展和农家乐也逐渐红火起来，不少早年因缺水迁出的群众主动要求返回南岭。

张家庄，成了一块福地

口述：张庚辰

整理：张 慷

我叫张庚辰，小关镇张家庄村人，已在这个偏僻山村里生活了84年。

旧社会的张家庄人，绝大多数都生活在水深火热之中。1942年闹灾荒，我树皮、麦苗、麦秸都吃过。即便是平常年景，大家过的也是“糠菜半年粮”的日子。

1948 年，张家庄解放，穷人翻了身。接着是走互助合作的集体化道路，发展农业生产。

改革开放后，张家庄人开始走上致富之路。1983 年，村里兴办第一个耐火材料厂。由于管理严格，经营有方，大获成功。之后，走滚动发展之路，到 1993 年，村里的集体企业已发展到了 7 个。1998 年，企业改制后，民营企业兴起。到 2011 年，张家庄这个仅有 7 个村民组 1400 人的小村，已有大小企业 11 家。工业的蓬勃发展，给张家庄人提供了广阔的就业门路。不但青壮年有活可干，有钱可挣，就连六七十岁的老头也能找到一份力所能及的工作，拿到一份工资。到 2012 年，张家庄人均年收入突破 2 万元。绝大多数人家住上了楼房，半数以上的人家买了小轿车。

张家庄村　雷宇　摄

村里经济实力雄厚，各项建设有声有色。村里主干道到G310的道路铺成了水泥路，通往各组各户的道路也都是水泥路。从1993年起，村主干道上就安装了路灯。疏通村中河道，砌筑两侧石坝，鼓起了河上涵洞。打了3眼深井，每家都用上了自来水。盖起了3幢居民集中居住楼，村民入住只拿成本价。建起村委办公大楼、文化大院、文化广场和游乐园等，还有全省农村首个20平方米的电视大屏。2008年，张家庄成为河南省新农村建设示范村。

经济振兴，给群众带来的福祉就更多。从1984年起，免除了群众的教育费附加、村提留等负担。1993至1996年，村里承担和实施镇村治河、修路等重大工程8次，既未向群众派过工，也未向群众派过款。1996至2017年，村民个人负担的部分“新农合”费用，都是村里交的。房顶“平改坡”的，村里资助每户5000元。2008年，村里60岁以上老人凡买养老保险者，村里补助每人1000元。从2005年起，村里每月给老年人发放生活补贴，满70岁者发100元，满80岁者发150元。

如今的张家庄，真正成了一块福地！

时光，陪我一起见证家乡的巨变

口述：马秀琴

整理：李明春

我叫马秀琴，现年 61 岁，是土生土长的丰门沟村人。娘家、婆家都是本村的，60 多年来一直生活在村里。

听村里老人说，村沟口有一山岭挡住进出，故名封门沟。后来觉得“封”字不吉利，就改为丰收的“丰”，期盼全村道路畅通、财源丰满。过去，村民散居七沟八梁，住在沟底或半山腰，交通十分不便，运输全靠肩膀担挑。小时候，我们一学会挑箩筐，钩担就不离肩了。20 世纪 70 年代，一个秋天的晚上，往家里挑红薯的情景我怎么都忘不了。那晚天太黑，又没手电筒照路，我挑着红薯在西岭上摔倒了，红薯撒了一地。因为年龄小，委屈得差点哭出来。那时，我多么盼望能有一条平坦的道路可走啊！连做梦都是俺村修公路

丰门沟村 邵保华 摄

了，通车了。俺村缺水，用水要翻山越岭到村外去挑，既费时又费力。那时的情景铭刻在我的脑海里，怎么也抹不去。

2010 年，镇党委政府和村两委共同与中铝小关矿协商合作，在俺丰门沟村实施土地复垦开发项目。仅一年半时间，就将几座大山头挖掉，填平了道道沟壑，平整出建居民社区的场地。按照规划，有序建设小区楼房及基础设施。2013 年，小区中心区域的村委办公大楼和村卫生所、文化大院、超市一并落成。北部的 7 层楼房、南部 2 排别墅庭院相继拔地而起。全村整体搬迁集中居住，村民们住上了漂亮的楼房。小区建起了文化广场，安装了健身器材，绿地枝繁叶茂。小区还接通了通往污水处理厂的排污管网。2015 年，俺村与辰夏公司签订合作协议实行土地流转，全村群众每年拿到土地流转金。公司建起了核桃园、石榴园、葡萄园、儿童亲子乐园和恒温蔬菜、草莓大棚，休闲观光农业与旅游业融合发展，引来不少游客。2017 年和 2018 年春节前，整个小区户户实现了统一供气、供暖。

家乡巨变，都是享了党和国家新农村建设好政策的福！

参考文献

[1] 巩县志编纂委员会 . 巩县志 . 郑州：中州古籍出版社，1991.

[2] 巩义市地方史志编纂委员会 . 巩义市志（1986—2005）. 郑州：中州古籍出版社，2012.

[3] 巩义市人民政府主办，巩义市地方史志办公室 . 巩义年鉴 2018. 郑州：中州古籍出版社，2019.

[4] 巩义市地方史志编纂委员会 .（清乾隆十年）巩县志 .（内部资料）. 2015.

[5] 巩义市地方史志编纂委员会 .（清乾隆五十四年）巩县志 .（内部资料）. 2015.

[6] 中国人民政治协商会议河南省巩义市文史委员会 . 巩义抗战纪事 .（巩义文史资料第三十七辑）. 2015.

[7] 巩县小关乡乡志编写组 . 小关乡志（1911—1985 年）.（内部资料）. 1986.

[8] 中共小关镇党史征编领导小组 . 中共小关镇党史（1944.1—1990.12）.（内部资料）. 1993.

[9] 中共巩义市委党史研究室 . 中共巩义历史大事年编（2015 年）.（内部资料）. 2016.

[10] 中共巩义市委，巩义市人民政府 . 中国巩义古树名木 . 郑州：中州古籍出版社，2001.

[11] 中共巩义市委党史研究室 . 巩义市革命遗址通览 .（内部资料）. 2017.

[12] 中国人民政治协商会议河南省巩义市文史委员会 . 巩义工业文明 .（巩义文史资料第三十九辑）. 2017.

[13] 中共巩义市委党史研究室，中共巩义市小关镇委员会 . 嵩山火种（续）.（内部资料）. 2015.

[14] 中共小关镇委员会，小关镇人民政府编 . 嬗变记忆—媒体眼中的小关（2003—2014）.（内部资料）. 2015.

[15] 中共小关镇委员会，小关镇人民政府 . 小关民间故事与传说 .（内部资料）. 2016.

[16] 巩义市小关镇教研中心，小关镇教育志编纂委员会 . 小关教育志（1920—2015）.（内部资料）. 2018.

南岭　张建军　摄

伏山　邵保华　摄

小关俯瞰　吴森　摄

小关一瞥　王向阳　摄

编纂始末

根据国务院《地方志工作条例》《全国地方志事业发展规划纲要（2015—2020年）》及中国地方志指导小组《关于启动〈中国名镇志丛书〉编纂工程的通知》（中指办字〔2014〕22号）有关部署，编写镇志传承文明、记录历史、弘扬文化、服务社会、促进经济发展等，盛世修志，志载盛世，此次编撰《小关镇志》是全面展示小关的良好机会。

《小关镇志》编纂于2020年3月展开工作，成立了小关镇编纂委员会，组织专人进行编纂，目标是把《小关镇志》打造成小关镇的一张耀眼夺目的名片。

《小关镇志》全体编纂人员严格按照中国名镇志丛书规范、行文通则标准，拟订编纂提纲，重点在“名”“特”上下功夫，突出小关镇深厚的文化底蕴、美丽的山水田园风光、高新特企业园区。镇志设计11个类目：概述、基本镇情、镇域经济、红色传承、文物胜迹、风土民情、名人与名镇、大事记、口述史，并附以序、地图、参考文献和编纂始末。

《小关镇志》的编纂得到了郑州市和巩义市史志办的大力支持。郑州市地方史志办公室多次对保证高质量编纂《小关镇志》予以精心指导，提出要求。巩义市地方史志办主任路培育、副主任科员赵清丽等亲临指导帮助。编纂过程中，小关镇党委、政府十分重视镇志的编纂工作，巩东新区管委会副主任、镇党委书记白东升，镇长许火炎多次对镇志提出要求，审核提纲，修改内容。镇班子成员、各办公室主任集中审核镇志内容。全体编纂人员查阅资料，搜集古籍，寻访耆老、广采博访，认真编纂；小关镇政府各部门、各村、各单位提供资料，合力支持编纂工作；郑州日报社王和宁、马健、王秀青以及巩义市摄影家协会邵保华、王向阳等不辞辛苦，帮助拍摄提供大量精美图片。在此，谨向为在本志编纂工作中给予支持、帮助的各级领导和社会各界人士表示诚挚谢意！

因本书所选照片及文章众多，部分作品未能在出版前及时联系到著作权人，请著作权人看到后与我们联系，我们将奉上稿酬。

《小关镇志》虽经编纂人员数易其稿，但囿于资料、时间和水平，错讹、疏漏之处在所难免，敬请广大读者批评指正。

《小关镇志》编纂委员会

2020 年 10 月